KB190783

사도신경
십 계 명
주기도문

사도신경
십 계 명
주기도문

2쇄찍은날 2025년 1월 21일

지 은 이 장상태

펴 낸 이 장상태

펴 낸 곳 디다스코

　　　　　 서울시 서초구 서초동 1355-3 서초월드오피스텔 1605호

전　 화 02-6415-6800

팩　 스 02-523-0640

이 메 일 is6800@naver.com

등　 록 2007년 4월 19일

신 고 번 호 제2007-000076호

유　 통 기독교출판유통 031-906-9191

ISBN 979-11-89397-09-8 (93230)

값은 표지에 있습니다.

사도신경
십 계 명
주기도문

7주 기초 완성

장상태 지음

웨스트민스터 신앙고백서, 웨스트민스터 대요리문답, 웨스트민스터 소요리문답,
하이델베르크 교리문답에 기초한 사도신경(3주), 십계명(2주), 주기도문(2주)를
7주 동안 기초 공부하기

우리는 무엇을 믿는가? : 사도신경 (3주)
우리는 어떻게 살아야 하는가? : 십계명 (2주)
우리는 어떻게 기도해야 하는가? : 주기도문 (2주)

디다스코

목차

머리말

성경책 앞표지를 넘기면 사도신경과 주기도문이 나옵니다. 성경책 뒷표지를 넘기면 십계명이 나옵니다. 성경책 제일 앞과 뒤에 사도신경, 주기도문, 십계명을 넣은 이유는 무엇일까요? 페이지를 비우기 아까워서가 아니지요. 성경의 핵심 내용을 가장 잘 요약한 내용이 바로 사도신경, 십계명, 주기도문이기 때문입니다. 초대교회부터 이 세 가지를 신앙의 중요한 기초로 배우고 익혔습니다. 우리가 사도신경, 주기도문, 십계명을 자주 보고 암기하고 잘 안다고 생각하지만, 실제로 성경공부를 하는 경우는 많지 않습니다. 신앙을 가장 잘 요약한 내용이 이 세 가지입니다.

자, 그러면 사도신경은 무엇인가요? 우리가 무엇을 믿는지에 관해서 요약한 기독교 신앙 교리입니다. 십계명은 무엇인가요? 우리가 어떻게 살아야 하는지에 관해서 요약한 기독교 신앙 윤리입니다. 주기도문은 무엇인가요? 어떻게 기도해야 할지에 관한 기독교 표준 기도문입니다. 중세 신학자 어거스틴은 〈믿음, 소망, 사랑에 대한 교본〉에서 사도신경은 믿음의 고백이고, 주기도문은 소망의 간구이며, 십계명은 사랑의 명령이라고 말했습니다.

사도신경은 초대교회부터 지금까지 성경을 가장 잘 요약한 교리로서 기록된 지 거의 2,000년이 되어 갑니다. 십계명과 주기도문과 달리 사도신경은 성경에 나오는 문장이 아니라는 이유로 암기나 공부를 소홀이 하는 경우가 있지만, 사도신경은 우리의 신앙을 기독교 역사 가운데서 가장 오랫동안 권위를 인정받고 교회에서 공예배에 지금도 암송하고 있습니다. 누군가 당신이 믿는 종교에 대해서 요약해보라고 말한다면, 사도신경을 설명하면 됩니다.

십계명은 하나님의 자녀가 어떻게 살아야 하는지에 관한 법입니다. 구약 시대에 이스라엘 백성들만을 위한 율법이 아니라, 신약 시대 새언약 백성을 위한 하나님 나라의 법입니다. 신약 시대 교회는 더 엄밀하게 십계명을 지켜야 할 사명이 주어졌습니다. 더 철저하고 엄밀하게 십계명을 지킬 수 있는 이유는 성령 하나님께서 우리 안에 내주하시기 때문입니다. 이제 우리는 구약 시대 백성이 실패한 하나님 나라 백성다운 삶을 더 깊이 실천하며 살 수 있게 되었습니다. 그래서 신약 성경에서 실천에 관한 모든 명령의 말씀은 십계명의 더 깊은 적용입니다.

주기도문은 예수님께서 친히 가르쳐주신 기도에 관한 규범입니다. 하나님께 드리는 기도는 형식 없이 드릴 수 없습니다. 예배에 형식과 절차가 있듯이 하나님께 드리는 기도도 형식이 있고 순서가 있습니다. 예수님은 주기도문을 가르쳐 주시면서 유대인들의 잘못된 기도습관과 마음의 동기를 지적하시고 바른 기도를 가르쳐 주셨습니다. 예수님께서 가르쳐 주신 기도를 따라 기도할 때 하나님의 뜻에 맞는 기도를 할 수 있습니다.

우리가 신앙생활을 시작할 때, 사도신경, 십계명, 주기도문을 제대로 공부하고 의미를 배운다면, 튼튼한 기초와 토대 위에서 믿음을 가질 수 있습니다. 인간 중심적이고 경험 중심적인 신앙을 벗어나 하나님 중심적인 신앙을 가지고 믿음의 경주를 할 수 있습니다. 이 세 가지 내용을 모두 7주 안에 공부할 수 있도록 이 책은 안내를 합니다. 특히 일관된 개혁신학 안에서 공부할 수 있도록 웨스트민스터 신앙고백서, 웨스트민스터 대요리문답, 웨스트민스터 소요리문답, 하이델베르크 교리문답를 기초로 합니다.

각 과는 8가지 항목으로 구성됩니다. 마음열기, 내용요약, 내용해설, 요리문답, 복습하기, 나눔하기, 기억하기, 기도하기입니다.

마음열기는 내용을 배우기 전에 어색한 분위기를 부드럽게 대화할 수 있도록 돕습니다.

내용요약은 오늘 배울 내용에 관한 항목과 주제를 간략하게 소개를 합니다.

내용해설은 각 구절에 대해서 성경적 근거가 되는 성구를 토대로 해설을 하고 있습니다.

요리문답은 오늘 배울 내용이 어떤 신앙고백서를 근거로 설명하는지 안내합니다.

복습하기는 쉬운 문제를 통해서 다시 한번 배운 내용을 복습할 수 있게 돕습니다.

나눔하기는 삶에 실천할 수 있도록 질문을 통해 신앙을 고백할 수 있게 돕습니다.

기억하기는 오늘 배운 내용을 다시 한번 요약해서 기억할 수 있게 돕습니다.

기도하기는 오늘 배운 성경말씀대로 살 수 있도록 간구할 수 있게 돕습니다.

이 책에 사용된 신앙고백서는 신원균 목사님의 웨스트민스터 다섯 가지 표준문서와 손재익 목사님의 사도신경, 십계명과 성약출판사의 하이델베르크 요리문답의 번역을 인용 및 참고했습니다.

이 교재를 통해서 사도신경, 주기도문, 십계명이 교회 안에서 가장 중요한 신앙의 기초로 자리 잡히길 바랍니다. 이미 신앙생활을 오래동안 하셨던 경우라고 하더라도 이 교재를 통해서 다시 한번 신앙을 정리해보길 바랍니다. 7주 동안 이 교재를 통해서 기초를 다진 후에 더 심도 있는 공부를 원한다면, 사도신경에 관한 책은《사도신경, 12문장에 담긴 기독교 신앙, 손재익 저, 디다스코 출판사》, 십계명에 관한 책은《십계명, 언약의 10가지 말씀, 손재익 저, 디다스코 출판사》, 주기도문에 관한 책은《신자의 간구, 정창균 저, 설교자 하우스》를 참고하기 바랍니다.

2022년 10월 어느날, 파주 좋은우리교회에서 장상태 목사가 씀

사도신경

사도신경 소개

⊕ 사도신경 소개 ⊕

히브리서 4:14 "우리가 믿는 도리를 굳게 잡을지어다"

성경은 우리에게 믿는 도리를 굳게 잡으라고 말씀하지요(히 4:14). 믿는 도리는 믿음의 고백our profession을 말합니다. 신앙고백은 교회의 오랜 역사를 통해서 공식적인 교리적 형태로 정리되어 오늘날 교회에까지 이르고 있어요. 가장 오랫동안 모든 교회를 통해서 고백되어 온 고백이 사도신경이지요. 사도신경을 고백하고 믿는 것은 성경의 모든 진리를 믿는 것과 같습니다. "기독교인은 무엇을 믿는가?"라고 누군가 물을 때, 우리는 사도신경이라고 말할 수 있습니다. 사도신경에는 성경의 진리가 요약되어 있습니다.

 언제부터 사용했을까요?

 주후 150년경부터 사용되었다고 알려져 있습니다. 공식적인 최초의 기록은 주후 215년 히폴리투스가 쓴 〈사도적 전통〉에 초기 형태의 사도신경이 나옵니다. 기독교는 사도신경을 성경의 교리로 고백한 지 대략 1900년 정도 되었고, 모든 교회는 지금까지 공식적인 예배에서 사도신경을 중요한 신앙으로 고백하고 있습니다.

 누가 썼죠?

 사도신경이라는 이름 때문에 열두 명의 사도가 썼다고 주장하는 경우가 있으나 사실이 아닙니다. 사도신경은 그 내용이 사도적인 전통에 부합하기 때문에 붙여진 이름입니다. 사도신경은 어떤 한 사람이 쓴 것이 아니라, 초대 교회가 시작되고 삼위일체 하나님을 믿는 모든 교회들이 동일한 신앙고백을 하면서 자연스럽게 굳어졌습니다. 특히 사도신경은 불신자였다가 복음을 믿기로 한 사람에게 세례를 베풀기 위한 신앙교육 목적뿐만 아니라, 이단을 배격하고 바른 신앙을 가르치기 위해서 사용되었습니다.

왜 사도신경이라고 부르죠?

"사도"라는 말은 예수님의 사도들이 작성했기 때문이 아니라, 내용이 사도들에게 전해진 복음을 잘 요약한 교리이기 때문입니다. "신경"은 영어로 Creed(크리드), 라틴어로 Credo(크레도)이며, "나는 믿습니다."라는 뜻입니다. 사도신경은 기독교의 중요한 근본 진리를 교리로 요약한 신앙고백입니다. 사도신경을 외운다는 말은 성경에서 말하는 중요한 진리를 믿고 고백하고 따르며 산다는 의미와 같습니다. "기독교인은 무엇을 믿는가?"라고 묻는다면 사도신경이라고 답할 수 있습니다.

왜 예배할 때 사도신경을 고백할까요?

교회는 성령님의 부르심으로 하나님의 말씀을 믿고 신앙을 고백하는 사람들의 모임입니다. 역사적으로 교회는 바른 신앙 위에 서있기 위해서, 신앙을 요약해서 배우고 고백했습니다. 예수님은 마태복음 16장 18절에서 베드로가 고백한 신앙고백 위에 교회를 세운다고 말씀하셨습니다. 교회는 바른 신앙고백 위에 세워졌기에 믿는 바가 무엇인지 반드시 고백합니다.

사도신경이 필요한 이유는 무엇인가요?

네 가지로 요약할 수 있지요. 첫째, 기독교가 무엇인지 요약해서 배울 수 있습니다. 둘째, 교회 생활을 위해서 신앙과 실천의 표준을 세우기 위해서입니다. 셋째, 기독교의 복음을 요약해서 전파하고 가르치기 위해서입니다. 넷째, 교회를 어지럽히고 공격하는 이단을 막기 위해서입니다.

사도신경 옛번역

전능하사 천지를 만드신 하나님 아버지를 내가 믿사오며,

그 외아들 우리 주 예수 그리스도를 믿사오니,

이는 성령으로 잉태하사 동정녀 마리아에게 나시고,

본디오 빌라도에게 고난을 받으사,

십자가에 못 박혀 죽으시고,

장사한지 사흘 만에 죽은 자 가운데서 다시 살아나시며,

하늘에 오르사,

전능하신 하나님 우편에 앉아 계시다가,

저리로서 산자와 죽은자를 심판하러 오시리라

성령을 믿사오며,

거룩한 공회와,

성도가 서로 교통하는 것과,

죄를 사하여 주시는 것과,

몸이 다시 사는 것과,

영원히 사는 것을 믿사옵나이다. 아멘.

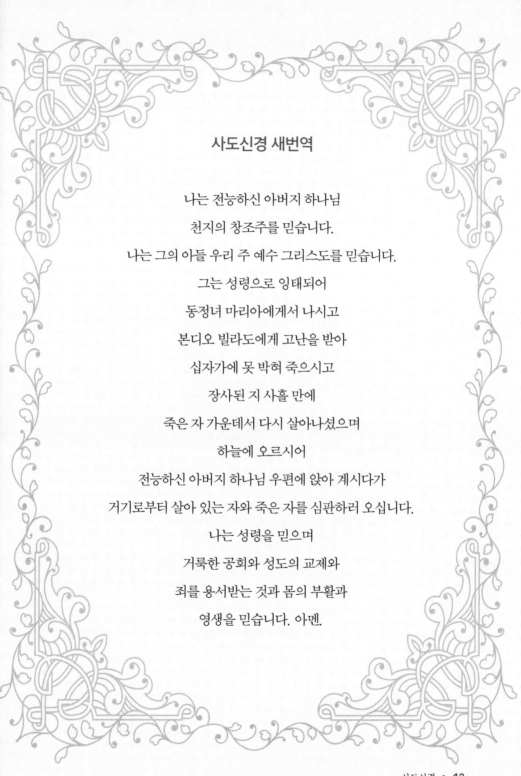

사도신경 새번역

나는 전능하신 아버지 하나님
천지의 창조주를 믿습니다.
나는 그의 아들 우리 주 예수 그리스도를 믿습니다.
그는 성령으로 잉태되어
동정녀 마리아에게서 나시고
본디오 빌라도에게 고난을 받아
십자가에 못 박혀 죽으시고
장사된 지 사흘 만에
죽은 자 가운데서 다시 살아나셨으며
하늘에 오르시어
전능하신 아버지 하나님 우편에 앉아 계시다가
거기로부터 살아 있는 자와 죽은 자를 심판하러 오십니다.
나는 성령을 믿으며
거룩한 공회와 성도의 교제와
죄를 용서받는 것과 몸의 부활과
영생을 믿습니다. 아멘.

1주차

성부 하나님

사도신경을 주일예배와 수요예배를 기준으로 일주일에 두 번 고백했다면, 그동안 신앙생활하면서 몇 번을 암송했는지 서로 말해 볼까요?

1. 사도신경은 어떻게 구성되어 있나요?

세 단락으로 구성되어 있습니다. "하나님 아버지를 믿습니다(성부 하나님)." "예수 그리스도를 믿습니다(성자 하나님)." "성령을 믿습니다(성령 하나님)." 삼위일체 하나님에 대해서 고백합니다. 이런 구조로 구성된 이유는 성경이 하나님에 관한 기록이기 때문입니다. 사도신경은 무엇을 믿는지에 관해서 요약했기에 삼위일체 하나님을 고백합니다.

2. 삼위일체란 무엇인가요?

우리가 믿는 하나님은 삼위일체 하나님입니다. '삼위일체'에서 "위"라는 말은 영어의 "person"으로서 인간적인 인격과 다른 신적인 인격성을 말합니다. 삼위 하나님은 분리되거나 나뉘어 있지 않고, 구별된 세 인격으로 존재합니다. 동시에 세 분은 모두 본질이 동일합니다. 따라서 하나님에 대한 정확한 고백은 "한 분 하나님은 삼위로 계신다."입니다. 삼위일체 하나님은 다른 종교와 구별되는 중요한 표입니다. 유한한 우리가 무한한 하나님을 모두 이해할 수는 없으나, 언어로 표현할 수 있는 가장 최선의 고백이기에 주후 325년에 니케아에서 소집된 교회 회의에서 결정되어 지금까지 고백하고 있습니다.

3. 성부 하나님에 대한 세 가지 고백은 무엇일까요?

1) 전능하사 (새번역: 전능하신)
성부 하나님은 어떤 분인지에 관해서 전능하신 분으로 고백합니다.

2) 천지를 만드신 (새번역: 천지의)
성부 하나님은 어떤 일을 하셨는지에 관해서 창조하신 분으로 고백합니다.

3) 하나님 아버지 (새번역: 아버지 하나님)

성부 하나님은 우리와 어떤 관계인지에 관해서 우리의 아버지로 고백합니다.

1. "전능하사"는 무엇을 의미하나요?

> **창세기 35:11** "하나님이 그에게 이르시되 나는 전능한 하나님이라"
> **창세기 18:14** "여호와께 능하지 못한 일이 있겠느냐"
> **마태복음 19:26** "사람으로는 할 수 없으나 하나님으로서는 다 하실 수 있느니라"

"전능하사"는 하나님의 존재에 관한 고백입니다. 하나님은 어떤 분인가요? 하나님은 무한하시고, 스스로 계시며 영원하고 불변한 전지전능한 분입니다. 이것을 비공유적 속성이라고 하며, 인간이 가질 수 없는 속성을 말합니다. 또한 하나님은 지혜와 거룩과 공의와 선하심과 진실하신 분이지요. 이것을 공유적 속성이라고 합니다. 이 속성은 사람을 만드실 때 주신 속성으로서 이것을 통해서 어느 정도 하나님을 알 수 있습니다. 이 모든 것을 요약한 고백이 "전능"입니다.

2. "천지를 만드신"은 무엇을 의미하나요?

창세기 1:1 태초에 하나님이 천지를 창조하시니라

시편 33:6 여호와의 말씀으로 하늘이 지음이 되었으며 그 만상을 그의 입 기운으로 이루었도다

히브리서 11:3 믿음으로 모든 세계가 하나님의 말씀으로 지어진 줄을 우리 가 아나니

"천지를 만드신"은 하나님의 사역에 관한 고백입니다. 하나님은 어떤 일을 하셨을까요? 하나님은 창조 이전에 모든 존재에 대한 계획을 가지고 있었지요. 이것을 작정이라고 합니다. 그리고 작정하신 것을 창조와 섭리로 이루셨습니다. 섭리는 창조를 보존하시고 일어나는 모든 일을 협력하여서 통치합니다. 사도신경에서 "창조"는 하나님께서 하신 모든 일 중에서 대표적인 일로 고백합니다.

3. "하나님 아버지"는 무엇을 의미하나요?

이사야 63:16 주는 우리 아버지시라 아브라함은 우리를 모르고 이스라엘 은 우리를 인정하지 아니할지라도 여호와여, 주는 우리 (아 버지)시라

요한복음 1:12 영접하는 자 곧 그 이름을 믿는 자들에게는 하나님의 자녀 가 되는 권세를 주셨으니

로마서 8:15 너희는 다시 무서워하는 종의 영을 받지 아니하고 양자의 영 을 받았으므로 우리가 아빠 (아버지)라고 부르짖느니라

"하나님 아버지"는 하나님과 우리의 관계를 말합니다. 하나님은 전능하셔서 천지를 만든 분이면서 동시에 우리의 아버지이지요. 하나님은 절대성을 가지고 있으면서 동시에 인격성을 가지고 계시지요. 사람이 만든 일반적인 신은 절대적이거나 혹은 인간적입니다. 절대성만 강조한 신은 무서운 존재이고, 인격성만 강조한 신은 전능하지 않지요. 그러나 우리 하나님은 전지전능하시면서 동시에 사랑에 풍성하신 아빠 아버지이시기에 우리의 간구를 듣고 계획한 모든 것을 이루십니다.

✠ 사도신경의 구조

하이델베르크 요리문답

24문: 이 조항들은 어떻게 나누어집니까?

답: 세 부분으로 나누어집니다. 첫째, 성부 하나님과 우리의 창조, 둘째, 성자 하나님과 우리의 구속, 셋째, 성령 하나님과 우리의 성화에 관한 것입니다.

✠ 삼위일체 하나님

웨스트민스터 대요리문답

9문: 하나님의 신성 안에 몇 위가 계십니까?

답: 하나님의 신성 안에 삼위가 계시니, 곧 성부와 성자와 성령입니다. 이 삼위는 참되고 영원한 한 분 하나님이시며, 각 위격의 고유성은 구별되지만 본체는 동일하고 능력과 영광은 동등하십니다.[1]

○ ○ ○ ○ ○

1) 요일 5:7(KJV); 마 3:16, 17; 마 28:19; 고후 13:14; 요 10:30

⊕ 성부 하나님

하이델베르크 요리문답

26문: "전능하신 하나님 아버지, 하늘과 땅을 창조하신 분을 믿습니다" 라고 고백할 때 당신은 무엇을 믿습니까?

답: 우리 주 예수 그리스도의 영원하신 아버지께서 아무것도 없는 중에서 하늘과 땅과 그 가운데 있는 모든 것을 창조하셨고,[1] 또한 그의 영원한 작정과 섭리로써 이 모든 것을 여전히 보존하고 다스리심을 믿으며,[2] 이 하나님께서 그의 아들 그리스도 때문에 나의 하나님과 나의 아버지가 되심을 나는 믿습니다.[3] 그분을 전적으로 신뢰하기에 그가 나의 몸과 영혼에 필요한 모든 것을 채워 주시며,[4] 이 눈물 골짜기 같은 세상에서 당하게 하시는 어떠한 악도 합력하여 선을 이루게 하실 것을 나는 조금도 의심치 않습니다.[5] 그는 전능하신 하나님이기에 그리하실 수 있고,[6] 신실하신 아버지이기에 그리 하기를 원하십니다.[7]

○ ○ ○ ○ ○

1) 창 1:1; 2:3; 출 20:11; 욥 38:4-11; 시 33:6; 사 40:26; 44:24; 행 4:24; 14:15
2) 시 104:2-5,27-30; 115:3; 마 10:29-30; 롬 11:36; 엡 1:11   3) 요 1:12; 20:17;
롬 8:15; 갈 4:5-7; 엡 1:5   4) 시 55:22; 마 6:25-26; 눅 12:22-24   5) 시 84:5-6;
롬 8:28   6) 창 17:1; 18:14; 롬 8:37-39; 10:12; 계 1:8   7) 마 6:32-33; 7:9-11

복 습 하 기

1. 사도신경은 세 가지 구조로 되어 있습니다. 빈 칸에 들어갈 말을 써 넣어
   보세요.

   "하나님 아버지를 믿습니다 = (성부 하나님)."
   "예수 그리스도를 믿습니다 = (   )."
   "성령을 믿습니다 = (   )

2. 사도신경에서 성부 하나님에 관하여 고백하는 세 가지는 무엇인지 번호
   순서대로 써보세요.

   1) 천지를 만드신   2) 전능하사   3) 하나님 아버지

   1번 답 성자 하나님, 성령 하나님   2번 답 2, 1, 3

나 눔 하 기

1. 우리가 믿고 고백하는 하나님은 전지전능하신 창조주 아버지입니다. 창
조주로서 무한한 능력을 가지고 계시면서, 동시에 우리의 아버지로서 인격
이십니다. 우리를 사랑으로 돌보시는 하나님은 모든 능력을 가지고 계십니
다. 성부 하나님을 진실로 믿는다면, 현재 고민 중인 문제 중에서 우리가 맡
기고 안심해야 할 일들은 무엇인가요? 함께 나누어 봅시다.

....

....

....

2. 하나님께서 나의 아버지가 되어 주셨습니다. 아버지는 아들의 이야기를
귀담아 듣습니다. 나의 간구와 기도를 온전히 듣고 계신다는 사실을 믿고
있습니까? 나의 아버지께서 나에게 위로와 힘을 주시기 원하는 부분이 있
다면 무엇인가요?

....

....

기 억 하 기

1. 사도신경은 성부 하나님, 성자 하나님, 성령 하나님의 삼위일체 구조로
   되어 있어요.
2. 성부 하나님에 관하여 전능하시고, 천지를 만드셨으며, 우리의 아버지되
   심을 고백해요.
3. "전능하신"은 하나님의 속성을 대표하는 고백이에요.
4. "천지를 만드신"은 하나님의 사역을 대표하는 고백이에요.
5. "아버지"는 우리와 하나님의 관계를 대표하는 고백이에요.

기 도 하 기

하나님 아버지, 전능하신 능력으로 천지를 만드시고 지금도 운행하시며 섭리하고 계시니 감사합니다. 전능하신 능력으로 우리가 고난을 당하고 어려운 일을 겪을 때 도와주시고 하나님의 계획 가운데 섭리하셔서 선한 길로 인도해 주심으로 하나님의 영광을 드러내 주시길 간구합니다.

2주차

성자 하나님

처음 신앙을 가질 때, 예배 시작에서 사도신경을 외우는 것에 대해서 어떻게 생각을 했나요?

1. 사도신경의 두 번째 단락은 무엇인가요?

사도신경은 크게 세 단락으로 되어 있어요. 성부, 성자, 성령 하나님의 삼위일체 하나님 구조로 되어 있고, 두 번째 단락은 성자 하나님에 관한 고백입니다.

2. 성자 하나님에 대한 세 가지 고백은 무엇인가요?

1) 그 아들 독생자 예수 그리스도
   (새번역: 그의 유일하신 아들, 우리 주 예수 그리스도)

   성자 하나님은 누구신지에 대한 고백입니다. 네 가지를 고백합니다. 예수, 그리스도, 하나님의 아들, 주님입니다.

2) 성령으로 잉태하사 동정녀 마리아에게 나시고 본디오 빌라도에게 고난을 받으사 십자가에 못 박혀 죽으시고 장사한 지
   (새번역: 성령으로 잉태되어 동정녀 마리아에게서 나시고, 본디오 빌라도에게 고난을 받아 십자가에 못 박혀 죽으시고, 장사된 지)

   성자 하나님이 우리의 구속을 위해서 어떤 신분이 되셨는지에 대한 고백입니다. 네 가지 단계로 낮아지신 신분을 고백합니다.

3) 사흘 만에 죽은 자 가운데서 다시 살아나시며, 하늘에 오르사, 전능하신 하나님 우편에 앉아 계시다가, 저리로서 산 자와 죽은 자를 심판하러 오시리라.
   (새번역: 사흘 만에 죽은 자 가운데서 다시 살아나셨으며, 하늘에 오르시어 전능하신 아버지 하나님 우편에 앉아 계시다가, 거기로부터 살아있는 자와 죽은 자를 심판하러 오십니다.)

   성자 하나님은 우리의 구속을 위해서 어떤 신분이 되셨는지에 대한 고

백입니다. 네 가지 단계로 높이 되신 신분을 고백합니다.

1. "그 아들 독생자 예수 그리스도"는 무엇을 의미하나요?

> **마태복음 1:21** 아들을 낳으리니 이름을 예수라 하라 이는 그가 자기 백성
> 을 그들의 죄에서 구원할 자이심이라 하니라
> **마태복음 16:16** 시몬 베드로가 대답하여 이르되 주는 그리스도시요 살아
> 계신 하나님의 아들이시니이다
> **빌립보서 2:11** 모든 입으로 예수 그리스도를 주라 시인하여 하나님 아버지
> 께 영광을 돌리게 하셨느니라

성경은 성자 하나님에 관하여 예수님, 그리스도, 하나님의 아들, 주님으
로 말씀하고 있습니다. 예수라는 이름은 이 땅에 오셔서 인간이 되어 사
실 때 불려진 이름으로 '자기 백성을 죄에서 구원하는 분'이라는 뜻입니
다. 그리스도라는 이름은 성자 하나님의 직분을 의미합니다. 그리스도
라는 단어는 헬라어이며, 구약에서 같은 단어는 메시아입니다. 즉 '기름
부음을 받은 사람'이라는 뜻입니다. 구약에서는 기름 부음을 받은 직책
은 왕, 선지자, 제사장 세 직분이 있었습니다. 그러니까 그리스도라는
직분에는 우리를 위한 왕의 직분(우리를 다스리심), 선지자의 직분(말씀으
로 가르치심), 제사장의 직분(우리를 위한 제물되심)이 포함된 것입니다. 하
나님의 아들은 성부 하나님과 관계를 말합니다. 예수님은 성부 하나님

의 아들, 성자 하나님입니다. 주님은 우리와의 관계를 말합니다. 예수님은 우리의 주인으로서 우리의 인생을 주관하시며 통치합니다.

1-1. "그리스도"는 무엇을 의미하나요?

이사야 32:1 보라 장차 한 왕이 공의로 통치할 것이요 방백들이 정의로 다스릴 것이며

고린도전서 15:25 그가 모든 원수를 그 발 아래에 둘 때까지 반드시 왕 노릇 하시리니

요한복음 6:14 그 사람들이 예수께서 행하신 이 표적을 보고 말하되 이는 참으로 세상에 오실 그 선지자라 하더라

히브리서 4:14 그러므로 우리에게 큰 대제사장이 계시니 승천하신 이 곧 하나님의 아들 예수시라 우리가 믿는 도리를 굳게 잡을지어다

성자 하나님은 "그리스도"로서 우리를 위해 세 가지 직분으로 일하셨습니다. 첫째, 왕의 직분, 둘째 선지자의 직분, 셋째 제사장의 직분입니다. 성자 하나님은 왕으로서 교회를 악으로부터 보호하시고 말씀을 다스리고 통치합니다. 성자 하나님은 선지자로서 하나님의 말씀을 우리에게 전하시고 가르치시며 우리가 거룩한 자녀로 성장하도록 돕습니다. 성자 하나님은 제사장으로서 백성들의 죄를 위해 자신을 희생제물로 하나님께 드리십니다. "그리스도"는 우리를 위한 성자 하나님의 직분을 의미합니다.

2. "성령으로 잉태하사 동정녀 마리아에게 나시고 본디오 빌라도에게 고난을 받으사 십자가에 못 박혀 죽으시고 장사한 지"는 무엇을 의미하나요?

마태복음 1:20 이 일을 생각할 때에 주의 사자가 현몽하여 이르되 다윗의 자손 요셉아 네 아내 마리아 데려오기를 무서워하지 말라 그에게 잉태된 자는 성령으로 된 것이라

마태복음 1:23 보라 처녀가 잉태하여 아들을 낳을 것이요

히브리서 13:12 그러므로 예수도 자기 피로써 백성을 거룩하게 하려고 성 문 밖에서 고난을 받으셨느니라

누가복음 23:24 이에 빌라도가 그들이 구하는 대로 하기를 언도하고

마가복음 15:25 때가 제삼시가 되어 십자가에 못 박으니라

요한복음 19:30 예수께서 신 포도주를 받으신 후에 이르시되 다 이루었다 하시고 머리를 숙이니 영혼이 떠나가시니라

성자 하나님은 낮아지신 신분으로 오셨다가 다시 원래 영광을 회복하셨습니다. 이것을 "비하"(낮아지심)와 "승귀"(높아지심)라고 합니다. 사도신경은 먼저 낮아지심에 관하여 네 가지를 고백합니다. 탄생, 고난, 죽으심, 장사되심입니다. ("비하"를 "지옥에 가심"까지 포함해 다섯 가지로 보기도 하지만 1908년 장로교와 감리교의 통합 찬송가를 발행하면서 사라졌습니다.) "비하"는 탄생부터 장사에 이르기까지 점점 더 낮아지셔서 죽음뿐만 아니라 지옥의 고통을 당하시는 자리에까지 가신 낮아진 단계를 말합니다.

3. "사흘 만에 죽은 자 가운데서 다시 살아나시며, 하늘에 오르사, 전능하신 하나님 우편에 앉아 계시다가, 저리로서 산 자와 죽은 자를 심판하러 오시리라."는 무엇을 의미하나요?

> **고린도전서 15:4** "장사 지낸 바 되셨다가 성경대로 사흘 만에 다시 살아나사
>
> **베드로전서 3:22** "그는 하늘에 오르사 하나님 우편에 계시니 천사들과 권세들과 능력들이 그에게 복종하느니라
>
> **데살로니가전서 4:16** "주께서 호령과 천사장의 소리와 하나님의 나팔 소리로 친히 하늘로부터 강림하시리니 그리스도 안에서 죽은 자들이 먼저 일어나고
>
> **디모데후서 4:1** "하나님 앞과 살아 있는 자와 죽은 자를 심판하실 그리스도 예수 앞에서 그가 나타나실 것과 그의 나라를 두고 엄히 명하노니

성자 하나님은 낮아지신 신분으로 오셨다가 다시 원래 영광을 회복하셨습니다. 이것을 "비하"(낮아지심)와 "승귀"(높아지심)라고 합니다. 사도신경은 승귀에 관하여 네 가지를 고백합니다. 부활, 승천, 하나님 우편에 앉으심, 다시 오심(재림)입니다. 여기서 하늘로 오르셔서 하나님 우편에 앉으셨다는 의미는 하늘의 어떤 장소에 앉아 있다는 의미가 아니라, 성자 하나님의 원래 지위와 영광을 회복하셨다는 뜻입니다.

요 리 문 답

✤ 성자 하나님의 성육신

하이델베르크 요리문답

16문: 중보자는 왜 참 인간이고 의로운 분이셔야 합니까?

답: 하나님의 의는 죄지은 인간이 죗값 치르기를 요구하나,[1] 누구든지 죄인인 사람으로서는 다른 사람을 위해 값을 치를 수 없기 때문입니다.[2]

○ ○ ○ ○ ○

1) 사 53:3-5; 렘 33:15; 겔 18:4,20; 롬 5:12,15; 고전 15:21; 히 2:14-16

2) 시 49:7-8; 히 7:26-27; 벧전 3:18

✤ 성자 하나님의 이름 그리스도

웨스트민스터 대요리문답

42문: 우리의 중보자를 왜 그리스도라고 불렀습니까?

답: 우리의 중보자를 그리스도라고 불렀던 것은 그분이 성령으로 한량없이 기름 부음을 받으셨기 때문이며,[1] 그리하여 구별되었고, 모든 권위와 능력을 충만히 부여받으셔서,[2] 그의 낮아지심과 높이 되심의 두 상태 모두에서 그의 교회의[3] 선지자,[4] 제사장,[5] 왕[6]의 직분을 수행하시기 때문입니다.

○ ○ ○ ○ ○

1) 요 3:34; 시 45:7   2) 요 6:27; 마 28:18-20   3) 빌 2:6-11

4) 행 3:21-22; 눅 4:18,21   5) 히 5:5-7; 4:14-15   6) 시 2:6; 마 21:5; 사 9:6-7

✦ 성자 하나님의 낮아지심

웨스트민스터 대요리문답

47문: 그리스도께서는 잉태와 출생에서 어떻게 자신을 낮추셨습니까?

답: 그리스도께서는 영원 전부터 아버지의 품속에 계신 하나님의 아들이셨으나, 때가 차매 기꺼이 사람의 아들이 되셨고 낮은 지위의 여자에게서 잉태되어 나시고, 일반적인 비천보다 더 다양한 환경에 처하심으로 잉태와 출생에서 자신을 낮추셨습니다.[1]

✦ 성자 하나님의 높이되심

웨스트민스터 소요리문답

28문: 그리스도의 높이 되심은 무엇으로 이루어져 있습니까??

답: 그리스도의 높이 되심은 삼 일째에 죽은 사람들 가운데서 다시 살아나신 것과[1] 하늘로 오르신 것과[2] 하나님 아버지의 오른쪽에 앉으신 것과[3] 마지막 날에 세상을 심판하러 오시는 것으로 이루어져 있습니다.[4]

○ ○ ○ ○ ○

1) 고전 15:4 2) 막 16:19 3) 엡 1:20 4) 행 1:11; 17:31

1. 다음 중 성자 하나님의 네 가지 이름은 무엇입니까?

1) 예수 2) 그리스도 3) 주님 4) 하나님의 아들 5) 천사

2. 성자 하나님의 낮아지심 네 가지 중에서 빈 칸은 무엇입니까?

   탄생, (   ), 죽으심, 장사 되심

3. 성자 하나님의 높이 되심 네 가지는 중에서 빈 칸은 무엇입니까?

   (   ), 승천, 하나님 우편에 앉으심, 다시 오심

   1번 답 1) 2) 3) 4)   2번 답 고난   3번 답 부활

나 눔 하 기

1. 성자 하나님이 우리와 관계에서 주님이라고 고백합니다. 우리 삶의 모든
영역에서 주인이십니다. 물질의 영역, 가정의 영역, 직장의 영역에서 주인
되심을 고백하고 있습니까? 내가 주인이 되어서 붙잡고 있던 문제가 있다
면, 내려놓고 성자 하나님이 주인되시기 원하는 영역을 고백해 봅시다.

....

....

....

2. 성자 하나님께서 우리를 위해 죽기까지 낮아지셨습니다. 점점 더 큰 고
난을 당하는 과정으로 낮아지셨습니다. 우리가 성자 하나님을 닮아간다면,
우리가 낮아져 섬겨야 할 사람들은 누구인가요? 가장 가까운 가족부터 직

장, 이웃까지 넓혀가며 나의 고백을 나누어 봅시다.

기 억 하 기

1. 성자 하나님의 이름은 "예수님", "그리스도", "하나님의 아들", "주님"입니다.
2. "그리스도"라는 이름은 '기름 부음 받은 자'라는 뜻으로 우리를 위해 왕의 직분과 제사장의 직분과 선지자의 직분을 행하시는 이름입니다.
3. 성자 하나님의 낮아지심은 "탄생", "고난", "죽으심", "장사 되심"입니다.
4. 성자 하나님의 높이 되심은 "부활하심", "하늘로 올라가심", "하나님 우편에 앉으심", "다시 오심(재림)"입니다.

기 도 하 기

하나님 아버지, 성자 하나님을 독생자 아들 예수 그리스도로 이 땅에 보내주신 은혜를 감사드립니다. 육신으로 오시고 죽기까지 낮아지셨으며, 죽음을 이기고 부활 승천하시고 하나님의 우편에서 지금도 우리를 돌보시고 다스리는 은혜를 감사드립니다. 우리의 모든 것을 나의 주님 예수 그리스도께 맡기고 이 세상의 모든 근심과 불안을 이길 수 있게 도와 주시옵소서.

3주차

성령 하나님

모두 다 함께 눈을 뜨고, 서로를 바라보면서 사도신경을 한목소리로 외워 봅시다.

(눈을 감고 외는 것에 익숙하기 때문에, 눈을 뜨고 더듬거릴 수 있으니, 서로 이해하며 외웁시다.)

1. 사도신경의 세 번째 단락은 무엇인가요?

　사도신경은 크게 세 단락으로 되어 있습니다. 성부, 성자, 성령 하나님

의 삼위일체 하나님 구조로 되어 있고, 세 번째 단락은 성령 하나님에
관한 고백입니다.

2. 성령 하나님에 대한 세 가지 고백은 무엇인가요?

1) 거룩한 공회와 성도가 서로 교통하는 것(새번역: 거룩한 공교회와 성도
의 교제)
성령 하나님은 교회를 세우셨습니다.

2) 죄를 사하여 주시는 것 (새번역: 죄를 용서 받는 것)
성령 하나님은 우리의 죄를 용서해 주십니다.

3) 몸이 다시 사는 것과 영원히 사는 것 (새번역: 몸의 부활과 영생)
성령 하나님은 우리에게 부활을 주십니다.

1. "거룩한 공회와 성도가 서로 교통하는 것"은 무엇을 의미하나요?

에베소서 4:4 몸이 하나이요 성령이 하나이니 이와 같이 너희가 부르심의
한 소망 안에서 부르심을 입었느니라

고린도전서 3:16 너희가 하나님의 성전인 것과 하나님의 성령이 너희 안에
거하시는 것을 알지 못하느뇨

고전 12:13 우리가 유대인이나 헬라인이나 종이나 자유자나 다 <u>한 성령으로</u> <u>세례를 받아 한 몸이 되었고</u> 또 다 한 성령을 마시게 하셨느니라

사도행전 2:42 그들이 사도의 가르침을 받아 <u>서로 교제</u>하고 떡을 떼며 오로지 기도하기를 힘쓰니라

"거룩한 공회_{공교회}"는 영어로 가톨릭 처치_{Catholic Church}이며, "거룩한 보편 교회"라는 뜻입니다. 교회_{헬, 에클레시아}는 부르심을 받은 자들의 모임이라는 뜻입니다. 성령 하나님께서는 그리스도인을 불러 구별하시고 교회를 이루어 가십니다. 이 고백은 교회의 거룩성과 보편성을 말합니다. 거룩성은 그리스도의 공로로 얻은 의로움으로 인한 교회의 거룩성입니다. 보편성은 시간적으로 세상 끝날까지 교회는 계속되고, 온 세상에 있게 될 것을 말하는 교회의 시공간적 보편성입니다. "성도가 서로 교통하는 것_{성도의 교제}"은 교회로 모인 성도의 교제를 말합니다. 이 교제는 헬라어로 "코이노니아"라고 하며, 그리스도에 접붙힘 되어 연합된 성도는 서로 한 몸이 되어 그리스도의 지체로서 교회 안에서 교제하는 것을 말합니다.

2. "죄를 사하여 주시는 것"은 무엇을 의미하나요?

에스겔 36:26, 27 또 새 영을 너희 속에 두고 새 마음을 너희에게 주되 너희 육신에서 <u>굳은 마음을 제거</u>하고 부드러운 마음을 줄 것이며 ²⁷ 또 내 영을 너희 속에 두어 너희로 내 율례를 행하게 하리니 너희가 내 규례를 지켜 행할지라

요한일서 1:9 "만일 우리가 우리 죄를 자백하면 그는 미쁘시고 의로우사 <u>우리 죄를 사하시며</u> 우리를 모든 불의에서 깨끗하게 하실 것이요

고린도전서 2:12, 13 우리가 세상의 영을 받지 아니하고 오직 하나님께로 온 영을 받았으니 이는 우리로 하여금 하나님께서 우리에게 은혜로 주신 것들을 알게 하려 하심이라 ¹³ 우리가 이것을 말하거니와 사람의 지혜의 가르친 말로 아니하고 오직 성령의 가르치신 것으로 하니 신령한 일은 신령한 것으로 분별하느니라

성령 하나님께서 우리의 죄를 용서해 주시는 사역을 말합니다. 그러면 어떻게 용서해 주실까요? 성령님은 우리 심령에 내주하셔서 예수님의 속죄를 적용해 주심으로 용서해 주십니다. 성령 하나님께서 우리를 불러서 양자 되게 하신 후에 말씀을 통해 죄의 비참함을 깨닫게 하십니다. 성령 하나님은 말씀을 들을 때 나의 죄를 알고 하나님의 진로를 깨달아 오직 성자 하나님의 공로로만 구원을 얻을 수 있다는 진리를 보여주십니다.

3. "몸이 다시 사는 것과 영원히 사는 것"은 무엇을 의미하나요?

누가복음 23:43 예수께서 이르시되 내가 진실로 네게 이르노니 오늘 네가 나와 함께 낙원에 있으리라 하시니라

로마서 8:11 예수를 죽은 자 가운데서 살리신 이의 영이 너희 안에 거하시면 그리스도 예수를 죽은 자 가운데서 살리신 이가 너희 안에 거하시는 그의 영으로 말미암아 너희 죽을 몸도 살리시리라

빌립보서 3:21 그는 만물을 자기에게 복종하게 하실 수 있는 자의 역사로 우리의 낮은 몸을 자기 영광의 몸의 형체와 같이 변하게 하시리라

우리의 구원은 왜 영혼뿐만 아니라 육체도 포함이 되는 것일까요? 영혼만 구원해도 되지 않을까요? 그런데 성경이 육신의 부활까지 약속하는 이유는 죄의 결과 때문에 그렇습니다. 죄의 결과로 들어온 사망은 육신의 사망과 영혼의 사망입니다. 사람은 영과 육을 가진 하나의 인격체이지요. 사람에 대한 심판 또한 영과 육의 심판입니다. 따라서 구원도 영과 육의 구원이기에 영혼뿐만 아니라 육체 또한 구원을 얻습니다. 예수님은 죽음을 이기고 부활하셨기에 이를 믿는 자마다 예수님과 같은 영광의 몸의 형체를 가지게 되어 영원한 생명으로 하나님과 영원히 교제할 수 있게 됩니다.

✛ 거룩한 공교회

웨스트민스터 신앙고백서 (제25장 교회에 관하여)

1. 보편적 또는 우주적 교회는 보이지 않는 것으로서 과거와 현재와 미래에 걸쳐서 교회의 머리이신 그리스도 아래 하나로 모이는 택함 받은 자들의 전체로 구성되며, 이 교회는 그리스도의 신부요, 몸이며, 만물 안에서 만물을 충만하게 하시는 이의 충만이다.[1]

○ ○ ○ ○ ○
1) 엡 1:10,22,23; 5:23,27,32; 골 1:18

2. 보이는 교회 역시 복음시대 아래에서는 보편적이고 우주적인 것으로서(이전의 율법시대와 같이 특별한 한 민족에 국한된 것이 아니다.), 전 세계에 걸쳐서 참된 종교를 고백하는 모든 사람들과[2] 그들의 자녀들로[3] 구성된

다. 그리고 이 교회는 주 예수 그리스도의 나라요,[4] 하나님의 집이며, 권속이다.[5] 이 교회 밖에서는 통상적인 구원의 가능성은 없다.[6]

○ ○ ○ ○ ○

2) 고전 1:2; 12:12-13; 시 2:8; 계 7:9; 롬 15:9-12   3) 고전 7:14; 행 2:39; 겔 16:20-21; 롬 11:16; 창 3:15,17:7   4) 마 13:47; 사 9:7   5) 엡 2:19, 3:15   6) 행 2:47

✛ 죄 용서

웨스트민스터 소요리문답

31문: 효력 있는 부르심이란 무엇입니까?

답: 효력 있는 부르심은 하나님의 영이 하시는 사역으로서,[1] 우리의 죄와 비참함을 깨닫게 하시고,[2] 우리의 마음을 밝혀 그리스도를 알게 하시고,[3] 우리의 의지를 새롭게 하셔서,[4] 우리를 설득하사 능히 복음 가운데 값없이 주시는 예수 그리스도를 영접할 수 있게 하시는 것입니다.[5]

○ ○ ○ ○ ○

1) 딤후 1:9; 살후 2:13-14   2) 행 2:37   3) 행 26:18   4) 겔 36:26-27   5) 요 6:44-45; 빌 2:13

✛ 부활과 영생

웨스트민스터 소요리문답

37문: 신자가 죽을 때 그리스도로부터 무슨 유익을 받습니까?

답: 신자가 죽을 때 그의 영혼은 완전히 거룩하게 되어[1] 즉시 영광에 들어가고,[2] 그의 몸은 여전히 그리스도께 연합되어[3] 부활 때까지[4] 무덤에서 쉽니다.[5]

○ ○ ○ ○ ○
1) 히 12:23   2) 고후 5:1,6,8; 빌 1:23; 눅 23:43   3) 살전 4:14   4) 욥 19:26-27
5) 사 57:2

돌 아 보 기

1. "거룩한 공회(공교회)"는 무엇입니까?

   1) 교회의 거룩성과 보편성   2) 로마 가톨릭교회

2. 성자 하나님께서 이루신 속죄를 적용시켜 주시는 사역은 누가 하십니까?

   1) 성령 하나님   2) 인간의 노력과 공로

3. 신자는 죽는 즉시 어디로 갑니까?

   1) 연옥   2) 천국

4. 신자의 몸이 부활할 때 어떤 몸이 됩니까? 괄호 안에 말을 써 넣으세요.

   (   )의 형체와 같이 변하게 하시리라 (빌 3:21)

1번 답 1)   2번 답 1)   3번 답 2)   4번 답 영광의 몸

1. 우리는 성령 하나님의 부르심으로 인해 교회로 모여 그리스도의 몸 된 지체가 되었습니다. 성도가 교제하게 된 이유는 성령님께서 성부 하나님의 택한 자들을 부르셔서 성자 하나님의 구속 사역을 지금 우리에게 적용시켜 주셨기 때문입니다. 우리가 주님의 몸 된 지체로서 주변을 돌아볼 때 지체들 중에서 혹시 아픔을 당하는 분이 있는지 생각해 보고 함께 기도합시다.

....

....

....

2. 우리의 영혼은 죽는 즉시 영광 가운데 들어가고 예수님의 재림 때 육체는 부활합니다. 우리 육신이 영광스러운 몸으로 변화되어 영원히 살게 될 것을 믿습니까? 나의 표현으로 부활한 몸에 대한 소망을 말해 봅시다.

....

....

....

기 억 하 기

1. 성령 하나님께서 우리에게 그리스도의 구속을 적용시켜 주셔서 우리를 거룩한 교회로 부르셨습니다.
2. 성령 하나님은 우리 안에 내주하셔서 예수님의 속죄를 적용해 주심으로

죄를 용서해 주십니다.

3. 성령 하나님은 우리 안에 내주하셔서, 우리가 죽는 즉시 하나님의 영광에 이르도록 하십니다.

4. 우리는 예수님의 재림 때 몸이 부활하여 영원한 인생을 살게 됩니다.

하나님 아버지, 성령님을 보내어 주셔서서 우리의 죄를 깨닫고 회개하며 거룩에 이를 수 있도록 인도해 주셔서서 감사드립니다. 우리가 성령님의 부르심으로 교회에서 다른 지체들과 한몸이 되어 갈 때, 더욱 사랑으로 수고하고 섬기며 살아갈 수 있게 도와 주시옵소서. 우리 안에 내주하시는 성령님께서 영원토록 함께 하시는 은혜로 인해, 죽는 즉시 영광 가운데 이르며, 몸의 부활을 믿는 믿음으로 소망 가운데 살게 도와 주시옵소서.

십계명

십계명 소개

⊕ 십계명 소개 ⊕

신명기 4:13 "여호와께서 그 언약을 너희에게 반포하시고 너희로 지키라 명하셨으니 곧 십계명이며 두 돌판에 친히 쓰신 것이라

하나님은 광야에서 이스라엘 백성과 언약을 맺었습니다. 하나님은 그들의 왕이 되고 그들은 하나님의 백성이 되는 왕과 백성의 언약이었습니다. 이 언약은 하나님 나라에 속한 백성된 자격으로 지키는 법이지요. 대한민국 국민은 대한민국의 법을 따라야 하는 것과 같은 이치입니다. 누군가 기독교인은 어떻게 살아야 하나요 묻는다면, 십계명이라고 답할 수 있습니다. 십계명은 하나님을 어떻게 사랑해야 하는지, 이웃을 어떻게 사랑해야 하는지에 관한 법이 담겨 있습니다.

 왜 십계명이라고 부르죠?

신명기 4:13과 10:4에서 두 번 나오는 "십계명"이라는 단어는 원어에서는 "열 가지 말씀들"이라는 뜻입니다. 십계명에 관한 구약성경 본문에는 "계명"보다 "언약"이라는 표현을 더 많이 사용합니다. 그래서 개신교 신학의 전통에서 "열 가지 언약"이라는 표현을 사용하며, 이것이 성경적으로도 적절합니다(출 2:24–25, 19:5, 20:2, 24:8–11, 신 4:23, 5:2–3, 9:9, 9:26–27, 대하 5:10, 렘 31:33, 히 8:10, 10:16). 여기서 언약은 일방적인 명령이 아니라, 두 당사자 간의 관계를 설명합니다. 즉, 하나님은 우리의 왕이시고, 우리는 구원받은 백성이기에, 하나님 나라의 백성 된 자격으로 감사한 마음을 지켜야 한다는 법을 말합니다. 십계명, 즉 열 가지 언약에는 하나님이 어떤 분이신지, 우리를 향한 사랑이 무엇인지 담겨 있습니다.

왜 십계명을 지켜야 하나요?

하나님 나라의 백성은 하나님 나라의 법을 지켜야 하기 때문입니다. 십계명은 구원을 받기 위한 조건이 아니라 결과입니다. 다시 말하면, 십계명을 잘 지켜서 구원을 받는 것이 아니라, 이미 구원 받은 사람이 하나님의 백성 된 자격으로 감사히 지켜야 하는 법입니다. 이것은 마치, 대한민국 국민은 법을 지키고 따라야 하는 것처럼 하나님 나라에 속한 백성이 하나님 나라의 법을 지켜야 하는 것과 같습니다. 십계명은 구원 받은 백성들에게 주신 사랑의 법입니다.

십계명은 율법으로서 폐기된 것은 아닌가요?

폐기 되지 않고 오히려 더 깊어졌습니다. 하나님 나라 백성이 지켜야 하는 모든 율법은 세 가지 기능이 있습니다. 죄를 억제하는 기능(억제), 죄를 깨닫게 하는 기능(각성), 구원받은 백성의 삶의 기준(방향)이라는 세 가지 기능이 있습니다. 그렇다고 구약의 모든 율법을 다 지켜야 하는 것은 아닙니다. 구약의 율법은 의식법, 시민법, 도덕법으로 나눌 수 있는데, 구약 제사와 관련된 의식법은 폐기 되었고, 구약 시대 백성을 위한 시민법도 시효가 만료 되었습니다. 그러나 도덕법은 하나님의 뜻과 본성을 드러내는 법으로서 영원 전부터 있던 법이었습니다. 이 도덕법을 요약한 말씀이 십계명이며, 신약성경은 십계명을 구약 시대보다 더 자세하고 엄밀하게 적용하고 있습니다. 십계명은 폐기된 것이 아니라, 예수님을 통해 신약성경이 새언약 백성의 삶의 방향과 기준으로서 산상수훈처럼 더욱 깊이 적용하고 있습니다.

어떻게 십계명을 모두 지킬 수 있을까요?

아무리 신앙이 좋아도 십계명을 모두 지킬 수 없습니다. 소요리문답 82문과, 하이델베르크5문에서도 말하듯이, 우리는 본성적으로 하나님과 이웃을 미워하는 성향이 남아 있기 때문입니다. 원죄에 대해서 무죄함을 선언하고 율법의 완전한 순종으로 우리에게 의를 전가시켜 주신 칭의의 은혜를 받았지만, 자범죄는 남아 있어서 성령님을 통해서 믿음으로 끊임없이 말씀과 기도와 성례의 은혜를 통해 거룩을 향해 걸어가야 합니다. 우리는 십계명을 이 땅에서 모두 지킬 수는 없지만, 허락하신 은혜의 방편을 통해서 완전한 말씀 순종을 위해 힘써야 합니다.

십계명 (개역개정)

1-4계명

1. 하나님이 이 모든 말씀으로 말씀하여 이르시되

2. 나는 너를 애굽 땅, 종 되었던 집에서 인도하여 낸 네 하나님 여호와니라

3. 너는 나 외에는 다른 신들을 네게 두지 말라

4. 너를 위하여 새긴 우상을 만들지 말고 또 위로 하늘에 있는 것이나 아래로 땅에 있는 것이나 땅 아래 물 속에 있는 것의 어떤 형상도 만들지 말며

5. 그것들에게 절하지 말며 그것들을 섬기지 말라 나 네 하나님 여호와는 질투하는 하나님인즉 나를 미워하는 자의 죄를 갚되 아버지로부터 아들에게로 삼사 대까지 이르게 하거니와

6. 나를 사랑하고 내 계명을 지키는 자에게는 천 대까지 은혜를 베푸느니라

7. 너는 네 하나님 여호와의 이름을 망령되게 부르지 말라 여호와는 그의 이름을 망령되게 부르는 자를 죄 없다 하지 아니하리라

8. 안식일을 기억하여 거룩하게 지키라

9. 엿새 동안은 힘써 네 모든 일을 행할 것이나

10. 일곱째 날은 네 하나님 여호와의 안식일인즉 너나 네 아들이나 네 딸이나 네 남종이나 네 여종이나 네 가축이나 네 문안에 머무는 객이라도 아무 일도 하지 말라

11. 이는 엿새 동안에 나 여호와가 하늘과 땅과 바다와 그 가운데 모든 것을 만들고 일곱째 날에 쉬었음이라 그러므로 나 여호와가 안식일을 복되게 하여 그 날을 거룩하게 하였느니라

5-10계명

12. 네 부모를 공경하라 그리하면 네 하나님 여호와가 네게 준 땅에서 네 생명이 길리라

13. 살인하지 말라

14. 간음하지 말라

15. 도둑질하지 말라

16. 네 이웃에 대하여 거짓 증거하지 말라

17. 네 이웃의 집을 탐내지 말라 네 이웃의 아내나 그의 남종이나 그의 여종이나 그의 소나 그의 나귀나 무릇 네 이웃의 소유를 탐내지 말라

(출애굽기 20:1-17)

4주차

하나님에 관한 사랑

열 가지 계명을 보지 않고, 기억나는 대로 서로서로 말해 봅시다.

1. 십계명은 무엇인가요?

머리말 : 나는 너를 애굽 땅, 종 되었던 집에서 인도하여 낸 네 하나님
여호와니라

제1계명 : 너는 나 외에는 다른 신들을 네게 두지 말라

제2계명 : 너를 위하여 새긴 우상을 만들지 말고 또 위로 하늘에 있는 것

이나 아래로 땅에 있는 것이나 땅 아래 물 속에 있는 것의 어떤 형상도 만들지 말며 그것들에게 절하지 말며 그것들을 섬기지 말라

제3계명 : 너는 네 하나님 여호와의 이름을 망령되게 부르지 말라

제4계명 : 안식일을 기억하여 거룩하게 지키라

제6계명 : 살인하지 말라

제7계명 : 간음하지 말라

제8계명 : 도둑질하지 말라

제9계명 : 네 이웃에 대하여 거짓 증거하지 말라

제10계명 : 네 이웃의 집을 탐내지 말라

2. 십계명을 두 단락으로 요약하면 어떻게 나눌 수 있나요?

"하나님에 관한 사랑"과 "이웃에 관한 사랑"입니다.

1계명에서 4계명 : 하나님에 관한 사랑

5계명에서 10계명 : 이웃에 관한 사랑

3. 십계명의 첫 단락을 어떻게 요약할 수 있나요?

머리말 - 십계명 서문 : 십계명을 주신 이유

제1계명 - 예배 대상 : 오직 한 분 하나님만 섬기기

제2계명 - 예배 방법 : 우상을 숭배 금지

제3계명 - 예배 태도 : 하나님의 이름을 함부로 부르지 않기

제4계명 - 예배 시간 : 주일을 거룩하게 지키기

 내 용 해 설

1. 십계명에 머리말을 주신 이유는 무엇인가요?

> **출애굽기 20:1-2** 하나님이 이 모든 말씀으로 말씀하여 이르시되 나는 너를 애굽 땅, 종 되었던 집에서 인도하여 낸 네 하나님 여호와니라
>
> **누가복음 1:74-75** 우리가 원수의 손에서 건지심을 받고 종신토록 주의 앞에서 성결과 의로 두려움이 없이 섬기게 하리라 하셨도다
>
> **베드로전서 1:15** 오직 너희를 부르신 거룩한 자처럼 너희도 모든 행실에 거룩한 자가 되라

그 이유는 두 가지입니다. 첫 번째는 십계명을 주신 하나님과 십계명을 받는 백성이 어떤 관계인지 말씀하시기 위해서입니다. 시내산에서 하나님은 백성들과 언약을 맺었습니다. 이제 이 백성에게 하나님은 왕이 되어 주시고, 백성은 하나님 나라의 시민이 되는 관계에 관한 언약이었습니다. 하나님 나라의 법을 지키기 위해서 왕과 백성의 관계에 관한 규정이 필요했습니다. 두 번째는 백성에게 십계명을 주신 이유를 말씀하시기 위해서입니다. 출애굽 백성을 하나님의 백성으로 선택하신 이유는, 하나님이 오래전에 약속하신 말씀에 근거해서, 고통받던 백성을 구원해 주셨기 때문입니다. 그래서 구원받고 하나님 나라 백성이 된 사람들이 지켜야 하는 법이 필요했습니다. 따라서 십계명 서문은, 이 백성이 하나님의 사랑을 구속받은 백성이며, 하나님 나라의 시민이 되었기 때문에 지켜야 하는 법이 있다는 사실을 명시해 줍니다. 십계명을 감사한

마음으로 지키도록 노력해야 합니다.

2. 1계명은 무엇을 의미하나요?

출애굽기 20:3 너는 나 외에는 다른 신들을 네게 두지 말라

하박국 1:11 그들은 그 힘으로 자기 신을 삼는 자라

마태복음 6:24 한 사람이 두 주인을 섬기지 못할 것이니 혹 이를 미워하며 저를 사랑하거나 혹 이를 중히 여기며 저를 경히 여김이라 너희가 하나님과 재물을 겸하여 섬기지 못하느니라

1계명은 하나님 외에 다른 신을 섬기지 말라는 예배의 대상에 관한 계명입니다. "나 외에는"이라는 말은 "내 앞에" 혹은 "나란히"라는 말로 번역할 수 있습니다. 즉, 하나님 외에 다른 신을 섬기거나, 혹은 하나님과 동시에 다른 신을 섬겨도 안 됩니다. 여기서 "다른 신"은 탐심이나 권력, 성공 등과 같은 세속적인 가치도 포함됩니다. 빌립보서 3장 19절은 "배 stomach", 하박국 1장 11절은, "힘power"도 섬기는 신이 될 수 있다고 말씀합니다. 그래서 하나님보다 더 의지하거나 중요하게 생각하는 대상이 있다면 다른 신을 섬기는 것입니다. 오직 한 분 하나님만 마음을 다해 섬겨야 1계명을 지키는 것입니다. 우리가 섬기는 유일한 예배 대상은 오직 하나님이십니다.

3. 2계명은 무엇을 의미하나요?

출애굽기 20:4 너를 위하여 새긴 우상을 만들지 말고

신명기 4:15 여호와께서 호렙산 화염 중에서 너희에게 말씀하시던 날에 너희가 아무 형상도 보지 못하였은 즉 너희는 깊이 삼가라

요한복음 4:24 하나님은 영이시니 예배하는 자가 신령과 진정으로 예배할지니라

2계명은 하나님을 바르게 섬기는 예배의 방법에 관한 말씀입니다. 하나님을 섬기고 예배할 때, 사람들의 생각으로 만들어낸 방법이 아니라, 하나님께서 말씀해 주신 방법으로 예배를 해야 한다는 말씀입니다. 예배할 때, 하나님을 눈에 보이는 형상으로 만들어서 예배하지 말아야 합니다. 왜냐하면 하나님은 눈에 보이는 형상으로 계시지 않고 "영"으로 계시기 때문입니다. 형상으로 만드는 순간, 영원하시고 무한한 하나님을 시간과 공간에 가두는 죄를 범하게 됩니다. 영으로 계신 하나님은 예배하는 곳이 어디든 함께하시며 우리를 통치하십니다.

4. 3계명은 무엇을 의미하나요?

출애굽기 20장 7절 너는 네 하나님 여호와의 이름을 망령되게 부르지 말라

시편 8:1 여호와 우리 주여 주의 이름이 온 땅에 어찌 그리 아름다운지요 주의 영광을 하늘 위에 두셨나이다

말라기 1:6 내 이름을 멸시하는 제사장들아 나 만군의 여호와가 너희에게 이르기를 아들은 그 아비를, 종은 그 주인을 공경하나니 내가 아비일찐대 나를 공경함이 어디 있느냐

3계명은 하나님을 바르게 섬기는 예배의 태도에 관한 계명입니다. "망령되

게"라는 말은, "아무 의미 없이", 혹은 "헛되게"라는 의미입니다. 즉, 하나님을 부르며 기도하거나 예배할 때, 하나님을 경외하며 믿는 마음으로 나와야 한다는 뜻입니다. 이것은 마치, 부모님의 이름을 장난스럽게 부르지 않는 것과 같습니다. 부모님을 공경한다면, 존경하는 마음으로 이름을 말합니다. 하나님은 우리에게 영원한 새 생명을 주신 아버지입니다. 온 마음으로 경외하며 하나님 아버지를 믿음으로 부르며 예배하고 기도해야 합니다.

5. 4계명은 무엇을 의미하나요?

출애굽기 20:8 안식일을 기억하여 거룩하게 지키라

창세기 2:2 하나님의 지으시던 일이 일곱째 날이 이를 때에 마치니 그 지으시던 일이 다하므로 일곱째 날에 안식하시니라

사도행전 20:7 안식 후 첫날에 우리가 떡을 떼려 하여 모였더니

4계명은 하나님을 바르게 섬기는 예배의 시간에 관한 계명입니다. 안식일은 구약 시대에 하나님을 예배하던 날입니다. 신약 시대에 안식일은 예수님의 부활로 인해 주일로 바뀌게 되었습니다. 안식일을 주신 이유는, 인간이 시간의 주인은 창조주 하나님이라는 사실을 고백하고 예배하게 하기 위해서입니다. 하나님께서는 6일 창조 후, 7일째 되는 날을 거룩히 여겨 복되게 하며 안식하셨습니다. 이 날은 창조를 완성한 날이기 때문에 우리가 이 땅에서 예배를 통해, 앞으로 영원히 안식하며, 하나님과 영원히 함께 하는 소망을 가져야 합니다. 결국 안식일은 우리가 누리는 모든 시간의 주인은 하나님이심을 고백하며 하나님과 영원한 안식을 미리 경험하는 날입니다.

✣ 십계명 머리말

웨스트민스터 대요리문답

101문: 십계명의 머리말은 무엇입니까?

답: 십계명의 머리말은 이 말씀에 포함되어 있으니 "나는 너를 애굽 땅 종 되었던 집에서 인도하여 낸 너의 하나님 여호와니라"고 하신 것입니다.[1] 여기에서 하나님은 여호와로서 영원하고 불변하시며 전능하신 하나님으로 자기의 주권을 나타내셨으며,[2] 자기의 존재를 자기 자신 안에 스스로 소유하시고[3] 자기의 모든 말씀[4]과 사역[5]에 따라 존재를 나타내시며, 옛날에 이스라엘과 맺으신 것과 같이 자기의 모든 백성과 언약을 맺으시는 하나님이시며,[6] 이스라엘을 애굽의 종 된 멍에에서 인도하여 내신 것과 같이 우리를 영적 속박에서 구원하셨습니다.[7] 그러므로 이 하나님만을 우리의 하나님으로 삼고 그의 모든 계명을 지켜야 합니다.[8]

○ ○ ○ ○ ○

1) 출 20:2 2) 사 44:6 3) 출 3:14 4) 출 6:3 5)행 17:24,28 6) 창 17:7; 롬 3:29 7) 눅 1:74,75 8) 벧전 1:15-18; 레 18:30; 19:37

✣ 1계명

웨스트민스터 대요리문답

104문: 제1계명에서 요구된 의무들은 무엇입니까?

답: 제1계명에서 요구된 의무들은 하나님만이 유일하신 참 하나님이시며, 우리의 하나님이시라는 것을 알고 인정하는 것인데,[1] 따라서 그분

만을 경배하고, 영광 돌리되,[2] 그분을 생각하고,[3] 묵상하고,[4] 기억하고,[5] 높이 경외하고,[6] 존경하고,[7] 흠모하고,[8] 택하고,[9] 사랑하고,[10] 원하고,[11] 그를 두려워하며,[12] 믿으며,[13] 신뢰하고,[14] 바라고,[15] 기뻐하며,[16] 그분 안에서 즐거워하며,[17] 그를 위한 열심을 가지며,[18] 그를 부르고, 모든 찬송과 감사를 드리고,[19] 전인격적으로 그에게 완전한 순종과 복종으로 굴복하며,[20] 그를 기쁘시게 하기 위하여 범사에 조심하고,[21] 무슨 일에든지 그를 노엽게 하였을 때는 슬퍼하며,[22] 그와 겸손히 동행하는 것을 통해서입니다.[23]

○ ○ ○ ○ ○

1) 대상 28:9; 신 26:17; 사 43:10; 렘 14:22　2) 시 95:6-7; 마 4:10; 시 29:2　3) 말 3:16　4) 시 63:6　5) 전 12:1　6) 시 71:19　7) 말 1:6　8) 사 45:23　9) 수 24:15,22　10) 신 6:5　11) 시 73:25　12) 사 8:13　13) 출 14:31　14) 사 26:4　15) 시 130:7　16) 시 37:4　17) 시 32:11　18) 롬 12:11; 민 25:11　19) 빌 4:6　20) 렘 7:23; 약 4:7　21) 요일 3:22　22) 렘 31:18; 시 119:136　23) 말 6:8

✤ 2계명

하이델베르크 요리문답

96문: 제2계명에서 하나님께서 원하시는 것은 무엇입니까?

답: 어떤 형태로든 하나님을 형상으로 표현하지 않는 것이고,[1] 하나님이 그의 말씀에서 명하지 않은 다른 방식으로 예배하지 않는 것입니다.[2]

○ ○ ○ ○ ○

1) 신 4:15-18; 사 40:18-19,25; 행 17:29; 롬 1:23-25　2) 레 10:1-2; 신 12:30-32; 삼상 15:22-23; 마 15:9

웨스트민스터 소요리문답

50문: 제2계명에서 요구된 것은 무엇입니까?

답: 제2계명이 요구하는 것은 하나님께서 자신의 말씀으로 정하신 모든 종교적 예배와 규례를 받아들이고 순종하며, 순전하고 온전하게 지키라는 것입니다.[1]

○ ○ ○ ○ ○

1) 신 32:46; 마 28:20; 행 2:42

✥ 3계명

웨스트민스터 대요리문답

112문: 제3계명에서 요구된 것은 무엇입니까?

답: 제3계명에서 요구된 것은 하나님의 이름, 그의 칭호, 속성,[1] 규례,[2] 말씀,[3] 성례,[4] 기도,[5] 맹세,[6] 서원,[7] 제비,[8] 그의 사역,[9] 그 외에 자기 자신을 나타내는 것은 무엇이든지, 하나님의 영광[10]과 자기 자신[11]과 다른 이들의 선을 위하여,[12] 거룩한 고백[13]과 책임있는 대화[14]로서 사상,[15] 명상,[16] 말,[17] 기록[18] 등을 거룩하고도 경외함으로 사용해야 한다는 것입니다.

○ ○ ○ ○ ○

1) 마 6:9; 신 28:58; 시 29:2; 68:4; 계 15:3,4 2) 말 1:14; 전 5:1 3) 시 138:2 4) 고전 11:24,25,28,29 5) 딤전 2:8 6) 렘 4:2 7) 전 5:2,4,5,6 8) 행 1:24,26 9) 욥 36:24 10) 고전 10:31 11) 렘 32:39 12) 벧전 2:12 13) 벧전 3:15; 미 4:5 14) 빌 1:27 15) 말 3:16 16) 시 8:1,3,4,9 17) 골 3:17; 시 105:2,5 18) 시 102:18

✛ 4계명

116문: 제4계명에서 요구된 것은 무엇입니까?

답: 제4계명에서 모든 인간에게 요구된 것은 하나님께서 자기의 말씀에서 명하여 정한 시기, 특히 칠 일 중에 온 하루를 하나님께 성결로 거룩히 지키는 것인데, 이는 창세로부터 그리스도의 부활까지는 제 칠 일이고 그 후 부터는 매주 첫 날이 되어 세상 끝날까지 계속됩니다. 이 날을 가리켜 기독교에서는 안식일[1]이라고 하며 신약에서는 주의 날土日이라고 합니다.[2]

○ ○ ○ ○ ○

1) 신 5:12-14; 창 2:2-3; 고전 16:1-2; 행 20:7; 마 5:17-18; 사 56:2,4,6,7   2) 계 1:10

1. 십계명의 서문을 말씀하신 이유 두 가지는 무엇인가요? 보기 중에서 두 가지를 선택해 주세요.

    1) 하나님과 이스라엘 백성의 관계를 설명하기 위해서 (왕과 백성으로서 언약)

    2) 하나님 나라 백성이 되기 위한 조건을 설정하기 위해서 (구원을 위한 조건 제시)

    3) 십계명을 지켜야 하는 이유를 설명하기 위해서 (하나님 나라 백성 된 자격)

2. 1계명 말씀하는 "다른 신"에 해당하는 것은 무엇인가요?

   1) 배(stomach, 빌 3:19)   2) 힘(power, 합 1:11)

3. 각각의 계명을 바르게 요약한 문구와 연결해 보세요.

   1계명 •   • 예배의 방법
   2계명 •   • 예배의 대상
   3계명 •   • 예배의 시간
   4계명 •   • 예배의 태도

   1번 답 1,3번   2번 답: 1,2   3번 답 1계명-예배대상, 2계명-예배 방법 3계명-예배 태도, 4계명-예배
   시간

나 눔 하 기

1. 십계명의 서문에서 우리는 구원 받은 하나님 나라의 백성이라는 사실과 백성된 자격으로서 감사하게 지켜야 할 하나님 나라의 법에 대해서 말씀하고 있습니다. 우리는 구원의 은혜를 받은 하나님 나라 백성으로서 십계명을 어떤 마음으로 지켜야 할까요?

....

....

....

2. 1계명에서 "다른 신"은 탐욕이나, 권력 등과 같은 대상이 될 수도 있습니다. 혹시 내가 하나님보다 더 높은 가치를 부여하며 좇아가는 대상이 있다면 무엇인가요? 하나님만을 가장 중요한 나의 삶의 가치로 다시 한번 어떻게 고백해 보시겠습니까?

....

....

....

기 억 하 기

1. 십계명의 서문은 하나님과 백성의 언약적 관계, 그리고 십계명을 지킬 이유를 말씀합니다.
2. "다른 신들을 네게 두지 말라"는 1계명으로서 예배의 대상에 관한 말씀입니다.
3. "우상을 만들지 말고"는 2계명으로서 예배의 방법에 관한 말씀입니다.
4. "여호와의 이름을 망령되게 부르지 말라"는 3계명으로서 예배의 태도에 관한 말씀입니다.
5. "안식일을 기억하여 거룩하게 지키라"는 4계명으로서 예배의 시간에 관한 말씀입니다.

기 도 하 기

하나님 아버지, 우리에게 십계명의 말씀을 주셔서 감사드립니다. 구원 받기 위한 조건이 아니라, 구원 받은 백성된 자격으로 하나님 나라의 법인 십계명을 허락해 주심으로 인해 무엇이 바른 삶인지 계시해 주셔서 감사합니다. 우리가 하나님을 바르고 진실하게 섬기며 예배하는 백성이 될 수 있게 도와 주셔서 하나님의 은혜와 복을 누릴 수 있게 도와 주시옵소서.

5주차

이웃에 관한 사랑

1계명부터 4계명까지 함께 외워봅시다.

1. 십계명은 무엇인가요?

    머리말 : 나는 너를 애굽 땅, 종 되었던 집에서 인도하여 낸 네 하나님
              여호와니라

    제1계명 : 너는 나 외에는 다른 신들을 네게 두지 말라

    제2계명 : 너를 위하여 새긴 우상을 만들지 말고 또 위로 하늘에 있는 것

이나 아래로 땅에 있는 것이나 땅 아래 물 속에 있는 것의 어떤 형상도 만들지 말며 그것들에게 절하지 말며 그것들을 섬기지 말라

제3계명 : 너는 네 하나님 여호와의 이름을 망령되게 부르지 말라

제4계명 : 안식일을 기억하여 거룩하게 지키라

제6계명 : 살인하지 말라

제7계명 : 간음하지 말라

제8계명 : 도둑질하지 말라

제9계명 : 네 이웃에 대하여 거짓 증거하지 말라

제10계명 : 네 이웃의 집을 탐내지 말라

2. 십계명 두 단락으로 요약하면 어떻게 나눌 수 있나요?

"하나님에 관한 사랑"과 "이웃에 관한 사랑"입니다.

1계명에서 4계명: 하나님에 관한 사랑

5계명에서 10계명: 이웃에 관한 사랑

3. 십계명의 두 번째 단락을 어떻게 요약할 수 있나요?

제5계명 "네 부모를 공경하라" : 권위에 대한 순종

제6계명 "살인하지 말라" : 인간의 생명 존중

제7계명 "간음하지 말라" : 가정을 위한 성윤리

제8계명 "도둑질하지 말라" : 자족과 성실

제9계명 "거짓 증거하지 말라" : 진실한 말

제10계명 "탐내지 말라" : 마음의 죄에 대한 경계

1. 5계명은 무엇을 의미하나요?

출애굽기 20:12 네 부모를 공경하라

고린도전서 4:15 그리스도 안에서 일만 스승이 있으되 아버지는 많지 아니
하니 그리스도 예수 안에서 내가 복음으로써 너희를 낳았
음이라

로마서 13:1 각 사람은 위에 있는 권세들에게 복종하라 권세는 하나님으로
부터 나지 않음이 없나니 모든 권세는 다 하나님께서 정하신
바라

5계명은 육신의 부모를 포함해서 하나님께서 세상의 질서를 위해 부여
하신 권위를 의미합니다. 성경에서 부모로 표현되는 관계는 바울와 디
모데, 요셉과 바로, 하나님과 백성처럼 윗사람과 아랫사람의 관계를 말
합니다. 세상의 모든 권위는 최고의 권위이신 하나님께서 부여해 주셨
습니다. 로마서 13:1은 권위의 시작은 하나님이라는 사실을 말씀합니
다. 따라서 5계명은 최고 권위이신 하나님에 대한 순종뿐만 아니라, 세
상의 모든 관계 질서에서의 순종을 의미합니다.

2. 6계명은 무엇을 의미하나요?

출애굽기 20:13 살인하지 말라

창세기 9:6 다른 사람의 피를 흘리면 그 사람의 피도 흘릴 것이니 이는 하나님이 자기 형상대로 사람을 지으셨음이니라

마태복음 5:21-22 옛 사람에게 말한 바 살인하지 말라 누구든지 살인하면 심판을 받게 되리라 하였다는 것을 너희가 들었으나 나는 너희에게 이르노니 형제에게 노하는 자마다 심판을 받게 되고

6계명에서는 살인을 금지하고 있습니다. 살인을 금지하는 이유는 인간이 하나님의 형상으로 지음 받았기 때문입니다. 일반 학문은 인간 존엄성의 기원을 설명하기 어렵습니다. 그러나 우리는 하나님의 형상으로 지음 받은 피조물이라는 진리에서 시작합니다. 6계명에서 말하는 살인은 죽이는 행위뿐만 아니라, 살인과 관련된 동기도 포함합니다. 타인의 마음에 상처나 모욕을 주는 일도 6계명을 어기는 일입니다. 6계명을 잘 지키는 일은 다른 사람의 인격을 존중하고 보존하며 소중하게 여기는 것까지 포함합니다.

3. 7계명은 무엇을 의미하나요?

출애굽기 20:14 간음하지 말라

창세기 1:28 생육하고 번성하여 땅에 충만하라

마태복음 5:28 나는 너희에게 이르노니 여자를 보고 음욕을 품는 자마다

7계명은 성적인 범죄를 금지하는 계명입니다. 남자와 여자의 성적인 관계는 결혼의 관계 안에서만 할 수 있습니다. 결혼은 남녀의 사회적 동의로만 시작되지 않습니다. 하나님께서 짝지어 주신 언약 관계입니다. 간음은 하나님께서 세우신 가정을 파괴하는 죄로서, 간통, 동성애, 혼전관계 등을 포함합니다. 따라서 7계명은 "생육하고 번성하여 땅에 충만하라"는 말씀을 이루어 하나님 나라를 세우기 위한 목적입니다.

4. 8계명은 무엇을 의미하나요?

출애굽기 20:15 도둑질하지 말라

에베소서 4:28 도둑질하는 자는 다시 도둑질하지 말고 돌이켜 가난한 자에게 구제할 수 있도록 자기 손으로 수고하여 선한 일을 하라

디모데전서 6:6 자족하는 마음이 있으면 경건은 큰 이익이 되느니라

8계명은 도둑질을 금하는 말씀입니다. 도둑질은 다른 사람의 수고를 노력 없이 얻는 죄입니다. 하나님은 사람에게 일할 수 있는 능력을 주셨습니다. 그 능력으로 얻은 결과물은 하나님의 것입니다. 하나님께 드리는 헌물은, 우리의 모든 것은 하나님의 소유라는 고백입니다. 그래서 우리는 성실하게 주어진 일에 최선을 다해야 하고, 그 결과물에 대해서 자족하는 마음을 가져야 도둑질을 하지 않게 됩니다. 또한 주신 열매를 청지기로서 관리해야 합니다. 결국 8계명은 다른 사람의 것을 빼앗는 것을 금지하는 것뿐만 아니라, 성실과 자족에 대한 말씀입니다.

5. 9계명은 무엇을 의미하나요?

출애굽기 20:16 네 이웃에 대하여 거짓 증거하지 말라

에베소서 4:25 그런즉 거짓을 버리고 각각 그 이웃과 더불어 참된 것을 말하라

사도행전 1:8 오직 성령이 너희에게 임하시면 너희가 권능을 받고 예루살렘과 온 유대와 사마리아와 땅 끝까지 이르러 내 증인이 되리라 하시니라

9계명은 거짓말을 하지 말고 진실한 말을 해야 한다는 말씀입니다. 하나님은 말씀으로 천지를 창조하셨습니다. 말은 언어로서 진실해야 합니다. 하나님은 거짓이 없는 분으로서 말씀하신 모든 약속을 다 이루십니다. 사단의 본질은 '거짓말을 하는 자'입니다. 아담도 사단의 거짓말에 미혹되어 죄를 지었습니다. 진실한 말 중에서 가장 중요한 말은 영생을 주는 하나님의 말씀입니다. 우리는 참된 것을 말하되 특별히 구원의 진리를 증거하는 예수님의 증인으로 살아야 합니다.

6. 10계명은 무엇을 의미하나요?

출애굽기 20:17 네 이웃의 집을 탐내지 말라

에베소서 5:5 탐하는 자 곧 우상숭배자는 다 그리스도와 하나님의 나라에서 기업을 얻지 못하리니

빌립보서 4:11-12 내가 궁핍하므로 말하는 것이 아니라 어떠한 형편에든지 내가 자족하기를 배웠노니 내가 비천에 처할 줄도 알고

풍부에 처할 줄도 알아 모든 일에 배부르며 배고픔과 풍부와 궁핍에도 <u>일체의 비결</u>을 배웠노라

10계명은 모든 죄의 동기가 되는 마음속의 탐심을 경계하라는 말씀입니다. 탐심은 자신의 것을 만족하지 못하고 다른 사람의 것을 가지고 싶은 마음에서 시작됩니다. 탐심을 가지지 않기 위해서는 자족하는 마음이 필요합니다. 자신에게 속한 것에 감사하고 자족할 때, 이웃에 대한 사랑이 시작될 수 있습니다. 10계명은 탐심뿐만 아니라 넓은 의미로 마음에서 시작되는 모든 죄에 관한 말씀이기도 합니다. 우리의 마음이 하나님의 통치를 받을 때 탐심과 욕심, 미움, 시기와 같은 죄를 멀리하고 거룩한 마음으로 하나님의 법을 따르며 순종할 수 있습니다.

✛ 5계명

웨스트민스터 대요리문답

124문: 제5계명에 있는 부모는 누구를 뜻합니까?

답: 제5계명에 있는 부모는 육신의 부모뿐만 아니라,[1] 연령[2]과 은사[3]에 있어서의 모든 윗사람과 특히 하나님의 규례에 의하여 가정[4]과 교회[5]와 국가[6]를 막론하고 우리 위의 권위에 있는 자들을 뜻합니다.

○ ○ ○ ○ ○

1) 잠 23:22,25; 엡 6:1,2 2) 딤전 5:1,2 3) 창 4:20-22; 45:8 4) 왕하 5:13

5) 왕하 2:12; 13:14; 갈 4:19 6) 사 49:23

✛ 6계명

하이델베르크 요리문답

105문: 제6계명에서 하나님께서 원하시는 것은 무엇입니까?

답: 내가 이웃의 명예를 훼손하거나 그들을 미워하거나 해치거나 죽이지 않기를 원하십니다.[1] 나는 생각이나 말이나 몸짓으로 무엇보다도 행동으로 그리해서는 안 되고, 다른 사람을 시켜 해서도 안 되며, 오히려 모든 복수심을 버려야 합니다.[2] 더 나아가 자기 자신을 해쳐서도 안 되고 부주의하게 위험에 빠뜨려서도 안 됩니다.[3] 그러므로 살인을 막기 위해서 국가는 또한 칼을 가지고 있습니다.[4]

○ ○ ○ ○ ○

1) 창 9:6; 마 5:21-22; 26:52 2) 잠 25:21-22; 마 18:35; 롬 12:19; 엡 4:26 3) 마 4:7; 골 2:23 4) 창 9:6; 출 21:14; 롬 13:4

✛ 7계명

웨스트민스터 대요리문답

138문: 제7계명에서 요구된 의무들은 무엇입니까?

답: 제7계명에서 요구된 의무들은 몸, 마음, 애정[1], 말[2]과 행동[3]에 있어서의 순결, 우리 자신과 다른 사람들의 순결을 보존하는 것,[4] 눈과 모든 감각 기관에 대한 조심,[5] 절제,[6] 순결한 교제의 유지,[7] 단정한 복장,[8] 금욕의 은사가 없는 자들의 결혼,[9] 부부의 사랑[10]과 동거[11], 우리의 소명에 대한 부지런한 수행,[12] 부정(不淨)의 모든 경우를 피함과 그 유혹들을 저항하는 것입니다.[13]

○ ○ ○ ○ ○

1) 살전 4:4; 욥 31:1; 고전 7:34 2) 골 4:6 3) 벧전 2:3 4) 고전 7:2,35,36 5)

욥 31:1   6) 행 24:24,25   7) 잠 2:16-20   8) 딤전 2:9   9) 고전 7:2,9   10) 잠 5:19,20   11) 벧전 3:7   12) 잠 31:11,27,28   13) 잠 5:8; 창 39:8-10

⊕ 8계명

하이델베르크 요리문답

111문: 이 계명에서 하나님께서 원하시는 것은 무엇입니까?

답: 내가 할 수 있고 해도 좋을 경우에는 나의 이웃의 유익good을 증진시키며, 내가 남에게 대접을 받고 싶은 대로 이웃에게 행하고,[8] 더 나아가 어려운 가운데 있는 가난한 사람을 도울 수 있도록 성실하게 일해야 합니다.[9]

○ ○ ○ ○ ○

8) 마 7:12   9) 사 58:5-11; 갈 6:9-10; 엡 4:28

⊕ 9계명

하이델베르크 요리문답

112문: 제9계명에서 하나님께서 원하시는 것은 무엇입니까?

답: 내가 어느 누구에게도 거짓 증언을 하지 않고,[1] 다른 사람의 말을 왜곡하지 않고,[2] 뒤에서 헐뜯거나 중상中傷하지 않으며,[3] 어떤 사람의 말을 들어보지 않고 성급히 정죄하지 않으며, 다른 사람이 성급히 정죄하는 데에도 참여하지 않기를 원하십니다.[4] 오히려 하나님의 무서운 진노를 당하지 않기 위해[5] 본질적으로 마귀의 일인 모든 거짓과 속이는 일을 피해야 합니다.[6] 법정에서나 기타 다른 경우에도 나는 진리를 사랑하고 정직하게 진실을 말하고 고백해야 하며,[7] 할 수 있는 대로 이웃의 명예와 평판評判을 보호하고 높여야 합니다.[8]

○ ○ ○ ○ ○

1) 잠 19:5,9; 21:28   2) 시 50:19-20   3) 시 15:3; 롬 1:30   4) 마 7:1-2; 눅 6:37
5) 레 19:12; 잠 12:22; 계 21:8   6) 요 8:44   7) 고전 13:6; 엡 4:25   8) 삼상 19:4-
5; 벧전 4:8

✠ 10계명

하이델베르크 요리문답

113문: 제10계명에서 하나님께서 원하시는 것은 무엇입니까?

답: 하나님의 계명 어느 하나에라도 어긋나는 지극히 작은 욕망이나 생각을 조금도 마음에 품지 않는 것이고, 언제든지 우리 마음을 다하여 모든 죄를 미워하고 모든 의를 좋아하는 것입니다.[1]

○ ○ ○ ○ ○

1) 시 19:14; 139:23-24; 롬 7:7

1. 십계명을 두 단락으로 나눌 때 괄호에 들어가는 말은 무엇인가요?

    1) 1-4계명: (   )에 관한 사랑
    2) 5-10계명: (   )에 관한 사랑

2. 다음 괄호 안에 들어갈 단어는 무엇인가요?

제5계명 "(   ) 를 공경하라" : 권위에 대한 순종

제6계명 "(   ) 하지 말라" : 인간의 생명 존중

제7계명 "(   ) 하지 말라" : 가정을 위한 성윤리

제8계명 "(   ) 하지 말라" : 자족과 성실

제9계명 "(   ) 하지 말라" : 진실한 말

제10계명 "네 이웃의 집을 (   ) 말라" : 마음의 죄에 대한 경계

3. 각각의 계명을 바르게 요약한 문구와 연결해 보세요.

5계명 •   • 인간의 생명 존중

6계명 •   • 진실한 말

7계명 •   • 가정을 위한 성윤리

8계명 •   • 자족과 성실

9계명 •   • 마음의 죄에 대한 경계

10계명 •   • 권위에 대한 순종

1번 답 하나님, 이웃   2번 답 부모, 살인, 간음, 도둑질, 거짓 증거, 탐내지   3번 답 5계명-권위에 대한 순종, 6계명-인간의 생명 존중, 7계명-가정을 위한 성윤리, 8계명-자족과 성실, 9계명-진실한 말, 10계명-마음의 죄에 대한 경계

1. 6계명 "살인하지 말라"는 긍정적 의미로, 다른 사람의 인격이나 마음을 소중히 여기는 것을 포함하고 있습니다. 가족과 성도를 존중하고 격려하는 말을 자주 하는 것은 6계명을 잘 지키는 일입니다. 함께 성경 공부하는 분들에게 서로 격려와 칭찬을 한 가지씩 돌아가면서 해봅시다.

----

2. 9계명 "거짓증거 하지 말라"는 계명은 긍정적인 의미로, 진실을 알고 있다면 말해야 하는 것을 포함합니다. 인생을 위한 최고의 진실한 말은 구원에 관한 진리입니다. 진리의 말씀을 증거하고 선포하고 있는지 나누어 봅시다.

기 억 하 기

1. 제5계명 "네 부모를 공경하라"는 권위에 대한 순종을 말씀합니다.
2. 제6계명 "살인하지 말라"는 사람의 생명에 대한 존중을 말씀합니다.
3. 제7계명 "간음하지 말라"는 가정을 세우기 위한 바른 성윤리를 말씀합니다.

4. 제8계명 "도둑질하지 말라"는 자족하는 마음으로 성실하게 일할 것을 말씀합니다.

5. 제9계명 "거짓 증거하지 말라"는 진리에 관한 증언을 말씀합니다.

6. 제10계명 "탐내지 말라"는 마음의 죄에 대한 경계를 말씀합니다.

기 도 하 기

하나님 아버지, 우리에게 십계명의 말씀을 주셔서 감사드립니다. 구원 받기 위한 조건이 아니라, 구원 받은 백성된 자격으로 하나님 나라의 법인 십계명을 허락해 주심을 감사드립니다. 십계명을 통해서 하나님에 대한 사랑과 이웃에 대한 사랑을 실천할 수 있는 힘과 능력을 더해 주시옵소서. 이 땅에서 완전한 말씀에 대한 순종이 어렵더라도, 말씀과 기도, 성례에 열심을 내어 거룩한 자녀로 살기에 부족함이 없게 도와 주시옵소서.

주기도문

주기도문 소개
- 6주차 : 1과 하나님에 관한 기도
- 7주차 : 2과 우리에 관한 기도

⊕ 주기도문 소개 ⊕

마태복음 6:5-9 " 또 너희가 기도할 때에 외식하는 자와 같이 되지 말라 저희는 사람에게 보이려고 회당과 큰 거리 어귀에 서서 기도하기를 좋아하느니라 내가 진실로 너희에게 이르노니 저희는 자기 상을 이미 받았느니라 너는 기도할 때에 네 골방에 들어가 문을 닫고 은밀한 중에 계신 네 아버지께 기도하라 은밀한 중에 보시는 네 아버지께서 갚으시리라 또 기도할 때에 이방인과 같이 중언부언하지 말라 저희는 말을 많이 하여야 들으실 줄 생각하느니라 그러므로 저희를 본받지 말라 구하기 전에 너희에게 있어야 할 것을 하나님 너희 아버지께서 아시느니라 그러므로 너희는 이렇게 기도하라 하늘에 계신 우리 아버지여 이름이 거룩히 여김을 받으시오며"

사도신경은 무엇을 믿는지에 관한 고백이며, 십계명은 어떻게 살아야 하는지에 관한 법입니다. 그리고 주기도문은 어떻게 기도해야 하는지에 관한 방법입니다. 기도하는 방법은 종교마다 다릅니다. 그렇다면 기독교는 어떻게 기도할까요? 성경에서 알려주시는 방법대로 기도해야 합니다. 만약에 기도의 방법을 배우지 않는다면, 우리는 아직 남은 죄의 성향대로 기도를 할 수 있습니다. 바른 기도는 타락한 인간의 욕망을 위한 기도가 아니라, 하나님 중심적인 기도입니다. 주기도문은 '바른 기도'의 방법을 알려주고 있어요.

 왜 주기도문이라고 부르죠?

주기도문은 주님이 가르쳐 주신 기도문이라는 뜻입니다. 마태복음 6장 9절과 누가복음 11장 1절에서 예수님은 제자들에게 기도를 가르쳐 주십니다. 제자들이 기도하는 방법을 몰라서 가르쳐 주신 것이 아닙니다. 당시에 유대인들은 하루에 세 번 기도했습니다. 제자들도 기도를 열심히 했지만 잘못된 기도를 하고 있었습니다. 이 모습을 보시고 예수님은 바르게 기도하는 법을 다시 알려 주셨습니다.

무엇이 잘못된 기도일까요?

예수님은 마태복음 6장 5절에서 8절까지 말씀에서 열심히 기도하던 유대인들의 잘못된 기도에 관해서 두 가지를 지적하십니다. 첫째는 자신의 영광을 위한 기도입니다. 예수님은 5절에서 "사람에게 보이려고"하는 자기중심적 기도를 지적하셨습니다. 이것은 자신의 종교적 능력을 드러내서 얻는 영광입니다. 둘째, 공로 중심적 기도입니다. 7절에서 "중언부언하지 말라 저희는 말을 많이 하여야 들으실 줄"이라고 말씀하며, 주문을 외우듯이 많은 시간을 반복해서 노력할 때 그 대가로 응답을 얻는 기도를 지적하십니다. 이것은 기도를 일반 종교처럼 인간의 공로가 쌓일수록 하나님을 움직일 수 있다고 생각하는 인간 중심적 기도입니다.

 무엇이 바른 기도일까요?

바른 기도는 하나님 중심적인 기도입니다. 마태복음 6장 6절에서 "문을 닫고 은밀한 중에 계신 네 아버지께 기도하라 은밀한 중에 보시는 네 아버지께서 갚으시리라"고 말씀십니다. 이 말씀에서 중요한 부분은 8절을 포함해서 세 번 반복되는 "네 아버지께"입니다. 기도는 인간 중심적일 때가 아니라, 하나님 중심적일 때 기뻐 받으십니다.(눅 18:9-14) 기도는 하나님과 협상하는 것이 아니라, 하나님께 굴복하는 것입니다. 하나님께서 우리를 지으셨고 구속하셨기 때문에 피조물이며 구원받은 자로서 인간은 마땅히 하나님께 영광과 경배와 감사를 기도를 통해 올려야 합니다. 하나님은 모든 것을 작정하고 세상을 섭리하시기에 우리에게 있어야 할 필요를 이미 알고 있습니다. 하나님을 경외하며 기도할 때 우리의 모든 것을 섭리하십니다.

 어떻게 기도해야 할까요?

인간은 스스로 하나님을 찾아서 기도할 수 없습니다. 우리는 하나님께서 선택한 자녀에게 베풀어 주신 무한한 은혜 때문에 기도할 수 있게 됩니다. 하나님의 작정으로 인해 성령님의 부르심을 받은 자에게 주시는 양자의 은혜로 인해 기도는 시작됩니다. 기도는 예수님의 보혈의 공로를 믿고 의지하는 하나님의 자녀가 성자 하나님의 이름으로, 성령 하나님의 도우심을 따라서 성부 하나님께 우리의 죄를 자백하며 긍휼하심을 따라서 소원을 올리는 것입니다. 따라서 기도는 예수 그리스도의 이름을 의지하며, 성령님의 도우시는 은혜를 따라서 오직 성부 하나님께 기도해야 합니다. 성부 하나님만이 우리의 죄를 용서하고 우리의 소원을 들어주실 수 있다는 믿음으로 기도해야 합니다.

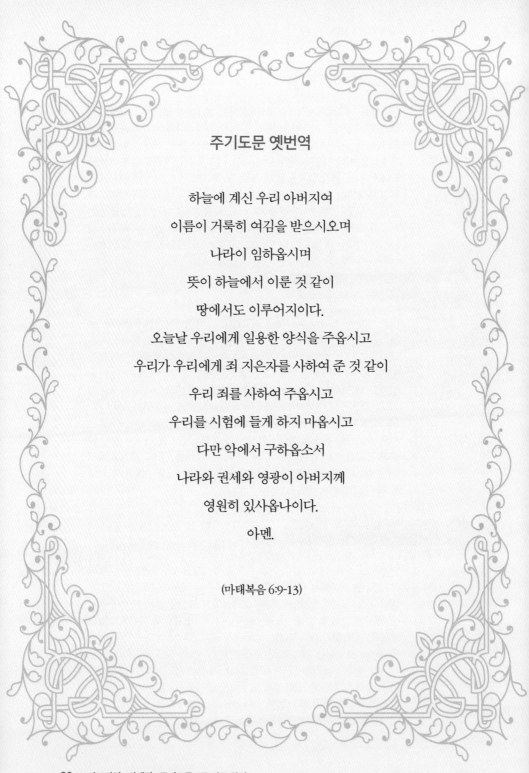

주기도문 옛번역

하늘에 계신 우리 아버지여

이름이 거룩히 여김을 받으시오며

나라이 임하옵시며

뜻이 하늘에서 이룬 것 같이

땅에서도 이루어지이다.

오늘날 우리에게 일용할 양식을 주옵시고

우리가 우리에게 죄 지은자를 사하여 준 것 같이

우리 죄를 사하여 주옵시고

우리를 시험에 들게 하지 마옵시고

다만 악에서 구하옵소서

나라와 권세와 영광이 아버지께

영원히 있사옵나이다.

아멘.

(마태복음 6:9-13)

주기도문 새번역

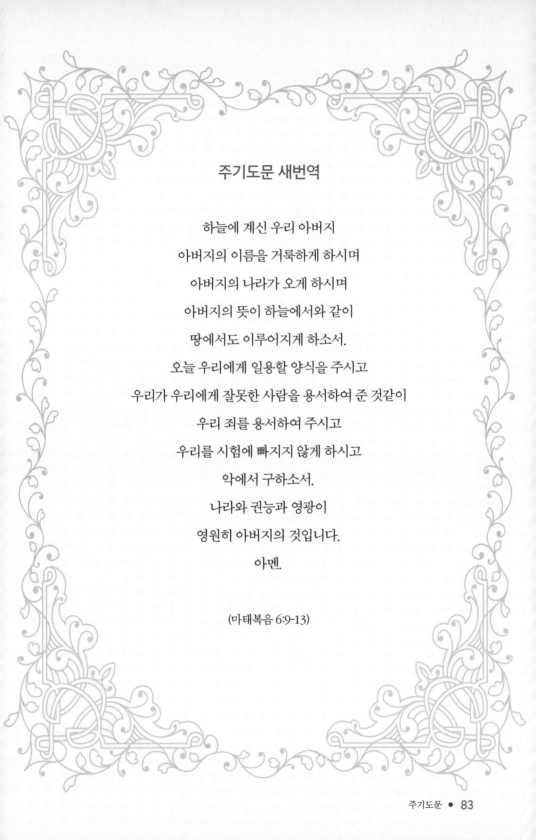

하늘에 계신 우리 아버지

아버지의 이름을 거룩하게 하시며

아버지의 나라가 오게 하시며

아버지의 뜻이 하늘에서와 같이

땅에서도 이루어지게 하소서.

오늘 우리에게 일용할 양식을 주시고

우리가 우리에게 잘못한 사람을 용서하여 준 것같이

우리 죄를 용서하여 주시고

우리를 시험에 빠지지 않게 하시고

악에서 구하소서.

나라와 권능과 영광이

영원히 아버지의 것입니다.

아멘.

(마태복음 6:9-13)

6주차

하나님에 관한 기도

요즘 내가 기도할 때 가장 중요하고 간절하게 기도하는 제목은 무엇인가요?

1. 주기도문은 무엇입니까?

옛번역

하늘에 계신 우리 아버지여

이름이 거룩히 여김을 받으시오며 나라가 임하시오며

뜻이 하늘에서 이루어진 것 같이 땅에서도 이루어지이다

오늘 우리에게 일용할 양식을 주시옵고

우리가 우리에게 죄지은 자를 사하여 준 것 같이

우리 죄를 사하여 주시옵고

우리를 시험에 들게 하지 마시옵고 다만 악에서 구하시옵소서

나라와 권세와 영광이 아버지께 영원히 있사옵나이다. 아멘

새번역

하늘에 계신 우리 아버지,

아버지의 이름을 거룩하게 하시며, 아버지의 나라가 오게 하시며,

아버지의 뜻이 하늘에서와 같이 땅에서도 이루어지게 하소서

오늘 우리에게 일용할 양식을 주시고, 우리가 우리에게 잘못한 사람을

용서하여 준 것 같이 우리 죄를 용서하여 주시고, 우리를 시험에 빠지지

않게 하시고, 악에서 구하소서.

나라와 권능과 영광이 영원히 아버지의 것입니다. 아멘

2. 주기도문을 4단락으로 구분하면 어떻게 나눌 수 있나요?

1) 서문

하늘에 계신 우리 아버지여

2) 하나님에 대한 기도

이름이 거룩히 여김을 받으시오며

나라가 임하시오며

뜻이 하늘에서 이루어진 것 같이 땅에서도 이루어지이다

3) 우리에 관한 기도

오늘 우리에게 일용할 양식을 주시옵고

우리가 우리에게 죄지은 자를 사하여 준 것 같이

우리 죄를 사하여 주시옵고

우리를 시험에 들게 하지 마시옵고 다만 악에서 구하시옵소서

4) 맺는말

나라와 권세와 영광이 아버지께 영원히 있사옵나이다. 아멘

3. 주기도문 서문과 첫째 단락은 어떻게 요약할 수 있나요?

순서	주제	내용
서문 기도	하나님을 향한 신뢰의 고백	하늘에 계신 우리 아버지여
첫째 기도	하나님의 이름을 위한 기도	이름이 거룩히 여김을 받으시오며
둘째 기도	하나님의 나라를 위한 기도	나라가 임하시오며
셋째 기도	하나님의 뜻을 위한 기도	뜻이 하늘에서 이루어진 것 같이 땅에서도 이루어지이다

1. 주기도문 서문이 의미하는 것은 무엇인가요?

요한복음 1:12 영접하는 자 곧 그 이름을 믿는 자들에게는 <u>하나님의 자녀</u>가 되는 권세를 주셨으니

로마서 8:15 너희는 다시 무서워하는 종의 영을 받지 아니하였고 <u>양자의</u> <u>영</u>을 받았으므로 <u>아바 아버지</u>라 부르짖느니라

갈라디아서 4:6 너희가 아들인 고로 하나님이 그 <u>아들의 영</u>을 우리 마음 가운데 보내사 <u>아바 아버지</u>라 부르게 하셨느니라

주기도문 서문은 "하늘에 계신 우리 아버지여"입니다. "하늘에 계신다"는 뜻은 문자적인 뜻대로 우주 공간을 말하는 것이 아니라, 비유적인 의미로서 전지전능하시고, 모든 것을 주관하시며 통치한다는 뜻으로서 절대적 능력을 말합니다. "우리 아버지"라는 말씀은 우리를 본질상 진노의 자녀에서 하나님의 아들로 입양해 주신 양자의 은혜를 말씀하고 있습니다. 우리를 독생자 아들을 십자가에 내어 주실 정도로 사랑하셔서 우리를 향한 그 사랑은 무한한 사랑입니다. 이것은 육신의 아버지보다 큰 사랑으로 우리의 소원을 들어주신다는 인격성을 말합니다. 따라서 우리의 기도 대상은 전능하신 절대성과 충만한 사랑을 가진 인격성으로 우리의 기도를 듣고 계신다는 뜻입니다. 기도할 때 이런 믿음으로 하나님께 나아갈 수 있어야 합니다.

2. 주기도문의 첫 번째 간구는 무엇인가요?

시편 115:1 여호와여 영광을 우리에게 돌리지 마옵소서 우리에게 돌리지
마옵소서 오직 주의 인자하심과 진실하심을 인하여 <u>주의 이름</u>
에 돌리소서

시편 75:1 하나님이여 우리가 주께 감사하고 감사함은 <u>주의 이름</u>이 가까움
이라 사람들이 주의 기사를 전파하나이다

요한복음 17:6 세상 중에서 내게 주신 사람들에게 내가 <u>아버지의 이름</u>을
나타내었나이다

첫 번째 간구는 "이름이 거룩히 여김을 받으시오며(새번역:아버지의 이름을
거룩하게 하시며)"입니다. 하나님은 여러 가지 이름이 있습니다. 엘로힘,
여호와 이레 등과 같은 이름이 있습니다. 이름은 하나님께서 하신 일과
하나님의 존재를 말합니다. "거룩"은 구별된다는 뜻이지요. "여김을 받
는 것"은 드러나게 된다는 뜻입니다. 즉, 이 기도는 하나님의 존재와 하
신 일이 거룩하게 구별되어 드러나게 될 것이라는 고백입니다. 이것은
우리가 기도하는 노력 때문에 하나님의 이름이 드러나는 것이 아니라,
영원전 부터 있던 하나님의 이름과 능력이 드러나게 될 것이며 동시에
믿는 자들을 통해서 드러나게 해달라는 기도이지요. 인간의 죄성은 바
벨탑 사건처럼 자신의 업적과 성공과 명예와 이름을 드러내고 영광을
받으려 합니다. 그러나 하나님의 자녀는 가장 먼저 하나님 아버지의 이
름과 영광을 드러내기 위해서 기도합니다.

3. 주기도문의 두 번째 간구는 무엇인가요?

마태복음 6:33 너희는 먼저 <u>그의 나라</u>와 그의 의를 구하라 그리하면 이 모든 것을 너희에게 더하시리라

마가복음 1:15 이르시되 때가 찼고 <u>하나님의 나라</u>가 가까이 왔으니 회개하고 복음을 믿으라 하시더라

사도행전 1:3 그가 고난 받으신 후에 또한 그들에게 확실한 많은 증거로 친히 살아 계심을 나타내사 사십 일 동안 그들에게 보이시며 <u>하나님 나라</u>의 일을 말씀하시니라

두 번째 간구는 "나라가 임하옵시며(새번역: 아버지의 나라가 오게 하시며)"입니다. "나라"는 하나님의 나라입니다. "임하옵시며"는 하나님의 나라가 오게 해 달라는 말입니다. 그러면 하늘에 넓은 땅이 내려온다는 말일까요? 아닙니다. 성경 시대에서 "나라"는 왕의 통치를 말합니다. 어떤 왕이 통치하느냐에 따라서 나라의 운명이 결정되었지요. 두 번째 간구는 왕으로서 하나님의 통치가 이 땅에 이루어지게 해 달라는 뜻입니다. 이 땅은 아직 하나님의 통치가 이루어지지 않고 공중 권세 잡은 사단이 통치하려고 합니다. 그러나 예수님께서 "회개하라 천국이 가까이 왔다"고 선포하시며 하나님의 통치가 복음이 증거되는 곳마다 시작되었다고 선언하셨습니다. 두 번째 간구는 앞으로 완전하게 이루어질 하나님의 통치가 이루어질 것에 대한 고백이면서 동시에 지금 우리가 속한 곳에 하나님의 온전한 통치가 있기를 간구하는 기도입니다.

4. 주기도문의 세 번째 간구는 무엇인가요?

시편 40:8 나의 하나님이여 내가 <u>주의 뜻</u> 행하기를 즐기오니 주의 법이 나의 심중에 있나이다 하였나이다

마태복음 7:21 나더러 주여 주여 하는 자마다 천국에 다 들어갈 것이 아니요 다만 하늘에 계신 내 <u>아버지의 뜻</u>대로 행하는 자라야 들어가리라

요한복음 6:38 내가 하늘에서 내려온 것은 내 뜻을 행하려 함이 아니요 나를 <u>보내신 이의 뜻</u>을 행하려 함이니라

세 번째 간구는 "뜻이 하늘에서 이루어진 것 같이 땅에서도 이루어지이다(새번역: 아버지의 뜻이 하늘에서와 같이 땅에서도 이루어지게 하소서)" 주기도문 첫 단락은 하나님의 이름, 하나님의 나라, 하나님의 뜻에 관한 기도입니다. 세 번째 간구에서 "뜻"은 하나님의 뜻을 말합니다. 세상을 향한 하나님의 뜻은 무엇일까요? 세상을 구원하고 회복하기 위한 하나님의 작정, 계획, 명령입니다. 구원을 위한 작정과 계획은 예수님의 십자가에서 실행이 되었고, 하나님의 명령에 대한 순종으로 거룩에 이르는 것은 평생 이루어 가야 합니다. 이미 이루신 구원을 우리는 말씀에 대한 온전한 순종으로 하나님의 뜻을 이루어 가야 합니다.

✛ 기도

웨스트민스터 대요리문답

문 178: 기도란 무엇입니까?

답: 기도는 그리스도의 이름으로[1] 성령의 도우심에 의해[2] 우리의 소원을 하나님께 올리는 것인데,[3] 우리 죄들을 자백함과[4] 그분의 긍휼을 감사하게 생각하면서 해야 합니다.[5]

○ ○ ○ ○ ○

1) 요 16:23   2) 롬 8:26   3) 시 62:8   4) 시 32:5, 6; 단 9:4   5) 빌 4:6

✛ 주기도문 머리말

웨스트민스터 대요리문답

문 189: 주기도문의 머리말은 무엇을 가르치고 있습니까?

답: "하늘에 계신 우리 아버지여"[1]라고 한 주기도문의 머리말이 가르치는 것은 우리가 기도할 때, 아버지 같은 그의 선하심에 대한 신뢰와 그것에 대한 우리의 관심과 경외심과 아이와 같은 모든 태도와[2] 신령한 열정과[3] 그리고 그의 주권적 능력, 위엄과 은혜로운 낮아지심에 대한 바른 이해를 가지고[4] 하나님께 가까이 나아가야 할 것을 가르치며,[5] 그리고 다른 사람들과 함께 또는 그들을 위하여 기도할 때에도 그와 동일하게 할 것을 가르칩니다.[6]

○ ○ ○ ○ ○

1) 마 6:9   2) 사 64:9   3) 시 123:1; 애 3:41   4) 사 63:15, 16; 느 1:4-6   5) 눅 11:13 롬 8:15   6) 행 12:5

✥ 첫째 간구

웨스트민스터 대요리문답

문 190. 첫째 간구에서 우리가 기도하는 것은 무엇입니까?

답: "이름이 거룩히 여김을 받으시오며"[1]라는 첫째 간구에서 우리는 우리 자신들이나 모든 사람들이 하나님을 옳게 공경할 수 없을 정도로 전적으로 무능하고 부적당하다는 것을 인정하면서,[2] 하나님께서 그의 은혜로 하나님과[3] 그의 이름들,[4] 속성,[5] 규례들과 말씀,[6] 사역과 자기를 알리시기를 기뻐하시는 모든 수단들을 우리가 알고, 인정하고, 높이 평가하도록 우리와 다른 사람들을 능력 있게 하시며, 자발적으로 행할 수 있게 해 주시기를 기도합니다.[7] 또한 우리의 생각과 말과[8] 행위에서[9] 하나님을 영화롭게 하며, 하나님이 무신론,[10] 무지,[11] 우상숭배,[12] 신성모독과[13] 그에게 모독되는 모든 일을 막고, 제거하시며,[14] 그의 주권적인 섭리로 그 자신의 영광을 위하여 모든 것을 지도하시고 처리하실 것을 기도합니다.[15]

ooooo

1) 마 6:9 2) 고후 3:5 3) 시 51:15, 67:2, 3 4) 시 83:18 5) 시 86:10-15 6) 살후 3:1; 시 147:19, 20, 138:1-3; 고후 2:14, 15 7) 시 145편 8) 시 8편, 103:1, 19:14 9) 빌 1:9, 11 10) 시 67:1-4 11) 엡 1:17, 18 12) 시 97:7 13) 시 74:18, 22, 23 14) 왕하 19:15, 16 15) 대하 20:6, 10-12; 시 83편, 140:4, 8

✥ 둘째 간구

웨스트민스터 대요리문답

문 191: 둘째 간구에서 우리가 기도하는 것은 무엇입니까?

답: "나라가 임하시오며"[1]라는 둘째 간구에서 우리는 우리 자신들과 모

든 인류가 본질상 죄와 사단의 지배 아래에 있음을 인정하면서,2) 우리는 죄와 사단의 나라가 파멸되고,3) 복음이 전 세계를 통하여 전파되고,4) 유대인들이 부르심을 받고,5) 이방 사람들의 충만한 수가 들어오기를 기도합니다.6) 또한 교회가 모든 복음의 사역자들과 규례들을 갖추고,7) 부패로부터 정화되고,8) 국가 공직자의 칭찬과 지지를 받도록 기도하고,9) 그리스도의 규례들이 순수하게 시행되고, 아직 죄 가운데 있는 자들의 회심과 그리고 이미 회심된 자들의 확립, 위안, 양육이 효력 있게 되기를 기도합니다.10) 그리고 그리스도가 이 세상에서 우리의 마음을 주관하시고,11) 속히 재림해 주셔서 우리가 그로 더불어 영원히 왕 노릇할 수 있도록 서둘러 주시기를 기도하며,12) 아울러 이 목적들을 가장 잘 이루기 위해서 그리스도께서 자기 나라의 권세를 온 세계에서 기쁘신 뜻대로 역사하시기를 기도합니다.13)

○ ○ ○ ○ ○

1) 마 6:10   2) 엡 2:2, 3   3) 시 67:1, 18; 계 12:9-11   4) 살후 3:1   5) 롬 10:1
6) 요 17:9, 20; 롬 11:25, 26; 시 67편   7) 마 9:38; 살후 3:1;   8) 말 1:11; 습 3:9
9) 딤전 2:1, 2   10) 행 4:29, 30; 엡 6:18-20; 롬 15:28-32; 살후 1:11, 2:16, 17
11) 엡 3:14-19   12) 계 22:20   13) 사 64:1, 2; 계 4:8-11

✛ 셋째 간구

웨스트민스터 대요리문답

문 192: 셋째 간구에서 우리가 기도하는 것은 무엇입니까?

답: "뜻이 하늘에서 이루어진 것 같이 땅에서도 이루어지이다"1)라는 셋째 간구에서 우리는 본질상 우리와 모든 사람들이 하나님의 뜻을 알며 행하는 데 전적으로 무능하고 원하지도 않을 뿐만 아니라,2) 그의 말씀

에 대항하여 반역하며,3) 그의 섭리에 원망하고 불평하며,4) 육신과 마귀의 뜻을 행하기에 전적으로 기울어진다는 것을 먼저 인정합니다.5)

따라서 우리는 하나님이 그의 성령으로 우리 자신들과 다른 사람들에게서 모든 무분별함,6) 연약함,7) 완고함과8) 사악함을 제거하시어,9) 그의 은혜로 우리로 하여금 하늘에서 천사들이 하는 것처럼10) 동일한 겸손,11) 기쁨,12) 신실함,13) 근면,14) 열심,15) 성실,16) 꾸준함17)을 가지고, 범사에 하나님의 뜻을 알고 행하며 복종하는 것을 즐거할 수 있게 해 주시기를 기도합니다.18)

○ ○ ○ ○ ○

1) 마 6:10   2) 롬 7:18; 욥 21:14; 고전 2:14   3) 롬 8:7   4) 출 17:7; 민 14:2   5) 엡 2:2   6) 엡 1:17, 18   7) 엡 3:16   8) 마 26:40, 41   9) 렘 31:18, 19   10) 사 6:2, 3; 시 103:20, 21; 마 18:10   11) 미6:8   12) 시 100:2   13) 사 38:3   14) 시 119:4, 5   15) 롬 12:11   16) 시 119:80   17) 시 119:112   18) 시 119:1, 8, 35, 36; 행 21:14

돌 아 보 기

1. 주기도문의 첫째 단락과 주제를 바르게 연결해 보세요.

첫째 기도 •   • 하나님의 나라

둘째 기도 •   • 하나님의 이름

셋째 기도 •   • 하나님의 뜻

2. 주기도문의 두 번째 간구의 근거 구절에서 괄호에 들어가는 말은 무엇인가요?

마태복음 6:33 너희는 먼저 (   )와 그의 의를 구하라 그리하면 이 모든 것을 너희에게 더하시리라

마가복음 1:15 이르시되 때가 찼고 (   )가 가까이 왔으니 회개하고 복음을 믿으라 하시더라

사도행전 1:3 그가 고난 받으신 후에 또한 그들에게 확실한 많은 증거로 친히 살아 계심을 나타내사 사십 일 동안 그들에게 보이시며 (   )의 일을 말씀하시니라

1번 답 첫째 기도-하나님의 이름, 둘째 기도-하나님의 나라, 셋째 기도-하나님의 뜻.   2번 답 그의 나라, 하나님의 나라, 하나님의 나라

1. 주기도문의 서문은 "하늘에 계신 우리 아버지"로 시작합니다. 기도를 시작할 때 우리가 믿는 대상을 부릅니다. 하나님을 아버지라고 부를 때, 어떤 마음으로 기도해야 할까요? 내가 믿는 하나님 아버지는 어떤 분이신가요? 나의 고백을 이야기해 봅시다.

....

....

....

2. 첫째 기도는 하나님의 이름을 위한 기도입니다. 하나님의 이름은 하나님의 존재와 사역을 드러냅니다. 우리는 하나님의 이름을 높이고 영광 올려 드리기 위해 부름을 받았습니다. 혹시 하나님의 이름보다 나의 이름이 알려지기 원했던 욕심이 있었는지 돌아보고 나누어 봅시다. 나의 삶에서 하나님의 이름을 높이고 감사하기 위해서 무엇을 할 수 있을지 나누어 봅시다.

....

....

....

기 억 하 기

1. 주기도문은 서문, 하나님에 관한 기도, 우리에 관한 기도, 맺음말로 이루어져 있습니다.
2. 주기도문은 하나님을 아버지로 고백하며 시작합니다.
3. 첫째 기도는 하나님의 이름에 관한 기도입니다.
4. 둘째 기도는 하나님의 나라에 관한 기도입니다.
5. 셋째 기도는 하나님의 뜻에 관한 기도입니다.

기 도 하 기

하나님 아버지, 우리에게 바른 기도를 가르쳐 주셔서 감사합니다. 하나님께 나와 기도할 때, 전능하신 능력으로 나의 모든 소원을 듣고 응답하기에 전혀 부족함이 없으신 나의 아버지이심을 믿고 기도할 수 있게 도와 주시옵소서. 나의 필요를 구하기 전에 먼저 하나님의 이름과 하나님의 나라와 하나님의 뜻을 먼저 간구하며 하나님께 나올 수 있도록 인도해 주시옵소서.

7주차

우리에 관한 기도

주기도문을 서로의 눈을 바라보면서 외워 봅시다. (눈을 감고 외는 것에 익숙하기 때문에, 눈을 뜨고 더듬거릴 수 있으니, 서로 이해하며 외웁시다.)

1. 주기도문은 무엇입니까?

옛번역

하늘에 계신 우리 아버지여

이름이 거룩히 여김을 받으시오며 나라가 임하시오며

뜻이 하늘에서 이루어진 것 같이 땅에서도 이루어지이다

오늘 우리에게 일용할 양식을 주시옵고

우리가 우리에게 죄지은 자를 사하여 준 것 같이

우리 죄를 사하여 주시옵고

우리를 시험에 들게 하지 마시옵고 다만 악에서 구하시옵소서

나라와 권세와 영광이 아버지께 영원히 있사옵나이다. 아멘

새번역

하늘에 계신 우리 아버지,

아버지의 이름을 거룩하게 하시며, 아버지의 나라가 오게 하시며,

아버지의 뜻이 하늘에서와 같이 땅에서도 이루어지게 하소서

오늘 우리에게 일용할 양식을 주시고, 우리가 우리에게 잘못한 사람을

용서하여 준 것 같이 우리 죄를 용서하여 주시고,

우리를 시험에 빠지지 않게 하시고, 악에서 구하소서.

나라와 권능과 영광이 영원히 아버지의 것입니다. 아멘

2. 주기도문을 네 단락으로 구분하면 어떻게 나눌 수 있나요?

1) 서문

하늘에 계신 우리 아버지여

2) 하나님에 대한 기도

이름이 거룩히 여김을 받으시오며

나라가 임하시오며

뜻이 하늘에서 이루어진 것 같이 땅에서도 이루어지이다

3) 우리에 관한 기도

오늘 우리에게 일용할 양식을 주시옵고

우리가 우리에게 죄지은 자를 사하여 준 것 같이

우리 죄를 사하여 주시옵고

우리를 시험에 들게 하지 마시옵고 다만 악에서 구하시옵소서

4) 맺는 말

나라와 권세와 영광이 아버지께 영원히 있사옵나이다. 아멘

3. 주기도문 둘째 단락과 맺음말은 어떻게 요약할 수 있나요?

순서	주제	내용
넷째 기도	양식의 기도	오늘 우리에게 일용할 양식을 주시옵고
다섯째 기도	거룩의 기도	우리가 우리에게 죄지은 자를 사하여 준 것 같이 우리 죄를 사하여 주시옵고
여섯째 기도	보호의 기도	우리를 시험에 들게 하지 마시옵고 다만 악에서 구하시옵소서
맺음 기도	확신의 기도	나라와 권세와 영광이 아버지께 영원히 있사옵나이다. 아멘.

1. 주기도문 네 번째 간구는 무엇인가요?

> **창세기 28:20-21** 야곱이 서원하여 가로되 하나님이 나와 함께 계시사 내
> 가 가는 이 길에서 나를 지키시고 <u>먹을 양식과 입을 옷을</u>
> 주사 나로 평안히 아비 집으로 돌아가게 하시오면 여호
> 와께서 나의 하나님이 되실 것이요
>
> **잠언 30:8** 나로 가난하게도 마옵시고 부하게도 마옵시고 <u>오직 필요한 양
> 식</u>으로 내게 먹이시옵소서
>
> **디모데전서 6:8** 우리가 먹을 것과 입을 것이 있은즉 <u>족한 줄로 알 것이니라</u>

네 번째 간구는 "일용할 양식을 주옵시고(새번역: 일용할 양식을 주시고)"입
니다. "일용할 양식"은 매일 먹을 양식입니다. 하나님께서는 광야에 있
던 백성들에게 매일 만나를 주셨습니다. 만나를 일주일 분량으로 주시
지 않고, 매일 하루 분량을 주셨습니다. 사람의 욕심은 한 번에 십 년 혹
은 백 년 분량의 양식을 구합니다. 그러나, 매일 먹을 양의 필요만 주셨
습니다. 이것은 우리의 먹고 입고 마시는 필요를 하나님께서 책임져 주
시며, 주시는 양식에 자족하고, 매일 하나님의 은총을 구하고 감사로 기
도할 것을 말씀하는 기도입니다.

2. 주기도문 다섯 번째 간구는 무엇인가요?

> **시편 51:10** 하나님이여 내 속에 정한 마음을 창조하시고 내 안에 <u>정직한</u>

영을 새롭게 하소서

마태복음 6:15 너희가 사람의 과실을 용서하지 아니하면 너희 아버지께서도 너희 과실을 용서하지 아니하시리라

베드로전서 1:16 기록하였으되 내가 거룩하니 너희도 거룩할지어다 하셨느니라

다섯째 간구는 "우리가 우리에게 죄지은 자를 사하여 준 것 같이 우리 죄를 사하여 주시옵고(새번역: 우리가 우리에게 잘못한 사람을 용서하여 준 것 같이 우리 죄를 용서하여 주시고)"입니다. 원래 순서는 "우리의 죄를 사해 주시옵소서. 마치 우리가 우리에게 죄를 지은 사람에게 용서하듯이 그렇게 말입니다"라는 뜻입니다. 즉, 우리의 죄용서가 주제이지요. 네 번째 간구가 우리의 육신적 필요에 대해 간구했다면, 이제 하나님과 관계에 대한 간구입니다. 하나님은 이 땅에서 우리의 삶에 거룩을 원하십니다. 매일 하나님 앞에 죄를 회개하고 거룩을 회복할 때 사람들과의 관계 속에서도 거룩한 삶을 살 수 있습니다.

3. 주기도문 여섯 번째 간구는 무엇인가요?

시 19:13 또 주의 종으로 고범죄를 짓지 말게 하사 그 죄가 나를 주장치 못하게 하소서 그리하시면 내가 정직하여 큰 죄과에서 벗어나겠나이다

마태복음 26:41 시험에 들지 않게 깨어 있어 기도하라 마음에는 원이로되 육신이 약하도다

요한복음 17:15 내가 비옵는 것은 저희를 세상에서 데려가시기를 위함이 아니요 오직 악에 빠지지 않게 보전하시기를 위함이니이다

여섯 번째 간구는 "우리를 시험에 들게 하지 마시옵고 다만 악에서 구하시옵소서(새번역: 우리를 시험에 빠지지 않게 하시고, 악에서 구하소서)"이지요. 아담은 사단의 시험에 넘어져 죄를 지었습니다. 그러나 예수님은 광야에서 시험을 받으셨지만 모두 이겼습니다. 우리 안에 예수님이 계십니다. 이 세상은 우리를 유혹하고 시험하지만, 예수님 안에서 얻은 구원을 빼앗길 수 없지요. 성령님이 내주하셔서 우리를 위해 친히 간구하시며 하나님의 보호 아래 있기 때문입니다. 아직도 사단이 유혹한다고 두려워할 필요는 없지만, 유혹에 흔들릴 때마다 우리의 연약함을 깨닫고, 더욱 하나님을 의지하면 기도해야 합니다. 여섯 번째 기도는 예전보다 더욱 열심히 하나님께 기도해야 한다는 진리를 가르칩니다.

4. 주기도문 맺음말은 무엇인가요?

시편 115:1 여호와여 영광을 우리에게 돌리지 마옵소서 우리에게 돌리지 마옵소서 오직 주의 인자하심과 진실하심을 인하여 주의 이름에 돌리소서

역대상 29:10 다윗이 온 회중 앞에서 여호와를 송축하여 가로되 우리 조상 이스라엘의 하나님 여호와여 주는 영원히 송축을 받으시옵소서

요한계시록 4:11 우리 주 하나님이여 영광과 존귀와 능력을 받으시는 것이 합당하오니 주께서 만물을 지으신지라 만물이 주의 뜻대로 있었고 또 지으심을 받았나이다 하더라

주기도문 맺음말은 "나라와 권세와 영광이 아버지께 영원히 있사옵나이다. 아멘"입니다. "나라"는 하나님의 통치를 뜻하고, "권세"는 힘과 능

력을 말하며, "영광"은 뛰어남을 표현합니다. 이 맺음말 기도는 주기도 문의 여섯 가지 간구를 이루심에 대해서 선언의 형태로 고백합니다. 즉, 모든 기도에 대해서 하나님은 창조주로서 들으시되, 하늘의 권능과 힘 으로, 다스리고 통치하셔서 결국 하나님의 뜻에 맞는 간구를 반드시 이 루고야 마신다는 선언입니다. 이것은 우리의 의지와 상관없이 하나님께 서 창세 전에 계획하신 완전한 통치를 반드시 이루셔서 영광을 드러내시 는 작정입니다. 우리는 단지 하나님의 능력을 인정하고 감사하며 영광을 올려드리는 존재로 하나님의 통치에 기도로 참여하게 되는 것입니다.

✚ 넷째 간구

웨스트민스터 대요리문답

문 193: 넷째 간구에서 우리가 기도하는 것은 무엇입니까?

답: "오늘 우리에게 일용할 양식을 주시옵고"[1]라는 넷째 간구에서 우리 는 아담 안에서와 우리 자신의 죄로 말미암아 이 세상의 모든 외적인 복 을 누릴 권리를 상실하였으므로 하나님께서 그것들을 전적으로 박탈하 시는 것이 마땅하고, 우리가 이것을 사용할 때에 우리에게 저주가 되는 것도 마땅하다는 것과[2] 그 복들 자체가 우리를 유지할 수도 없고,[3] 우 리가 그것들을 받을 공로도 없으며,[4] 우리들 자신의 노력으로 획득할 수도 없고,[5] 오히려 불법적으로 그것들을 구하며[6] 획득하고[7] 사용하 려는 경향이 있다는 것을 인정합니다.[8]

따라서 우리는 우리 자신과 다른 사람들을 위해서 기도하되, 그들과 우리가 다 합법적 수단들, 즉 하나님이 거저 주시는 선물을 사용함에 있어서 매일 하나님의 부성적인 지혜에 가장 적합하게 하나님의 섭리가 이루어지기를 기다리면서, 그 복들의 합당한 몫을 받아 누리기를 기도합니다.[9] 그리고 그와 동일한 섭리가 우리가 그 선물들을 거룩하고 편리하게 사용하면서,[10] 그것들로 만족을 누릴 때에[11] 그것들을 계속하여 복되게 주시고, 우리의 현세적 유지와 위로에 반대되는 모든 것에서 우리를 지켜주시도록 기도합니다.[12]

○ ○ ○ ○ ○

1) 마 6:11   2) 창 2:17, 3:17; 롬 8:20-22; 렘 5:25   3) 신 28:15-17, 8:3   4) 창 32:10   5) 신8:17, 18   6) 렘 6:13; 막 7:21, 22   7) 호 12:7   8) 약 4:3   9) 창 43:12-14, 28:20; 엡 4:28; 살후 3:11, 12; 빌 4:6   10) 딤전 4:3-8   11) 딤전 6:6-8   12) 잠 30:8, 9

✝ 다섯째 간구

웨스트민스터 대요리문답

문 194: 다섯째 간구에서 우리가 기도하는 것은 무엇인가?

답: "우리가 우리에게 죄 지은 자를 사하여 준 것 같이 우리 죄를 사하여 주시옵고"[1]라는 다섯째 간구에서 우리는 우리와 다른 모든 사람들이 원죄와 자범죄를 지어 하나님의 공의에 빚진 자가 되었다는 것과 우리나 다른 아무 피조물이라도 그 빚을 조금도 갚을 수 없다는 사실을 인정합니다.[2] 따라서 우리는 우리 자신과 다른 사람들을 위하여 기도하는데, 하나님께서 거저 주시는 은혜로 믿음에 의하여 이해되고 적용되는 그리스도의 순종과 대속을 통하여 우리를 죄책과 죄의 형벌에서 사면하시고,[3] 그의 사랑하시는 자 안에서 우리를 받아주시기를 기도합니다.[4] 또한 우리는

그의 은총과 은혜를 우리에게 계속 주시며,[5] 우리가 날마다 범하는 죄들을 용서하시고,[6] 사죄의 확신을 매일 더욱 더 주심으로써 우리를 화평과 기쁨으로 채우시기를 기도합니다.[7] 이 사죄는 우리가 다른 사람의 죄를 진심으로 용서한다는 증거가 우리에게 있을 때, 우리는 더 담대히 구할 수 있고 더 용기를 가지고 기대할 수 있게 됩니다.[8]

○ ○ ○ ○ ○

1) 마 6:12   2) 롬 3:9-22 마 18:24, 25; 시 130:3, 4   3) 롬 3:24-26; 히 9:22   4) 엡 1:6, 7   5) 벧후 1:2   6) 호 14:2; 렘 14:7   7) 롬 15:13; 시 51:7-12   8) 눅 11:4; 마 6:14, 15, 18:35

✠ 여섯째 간구

웨스트민스터 대요리문답

문 195: 여섯째 간구에서 우리가 기도하는 것은 무엇입니까?

답: "우리를 시험에 들게 하지 마시옵고, 다만 악에서 구하옵소서"[1]라는 여섯째 간구에서 우리는 가장 지혜로우시고, 의로우시며, 은혜로우신 하나님께서 여러 가지 거룩하고 의로운 목적을 위하여 우리가 시험에 들고, 실패하고, 잠시 동안 사로잡히고, 또한 사단과[2] 세상과[3] 육신이 강력하게 우리를 곁길로 이끌어 함정에 빠뜨리게 하는 것에[4] 섭리하신다는 사실을 인정합니다.[5] 우리는 심지어 죄 사함을 받은 후에도 우리의 부패성과[6] 연약함과 부주의함으로[7] 시험에 빠지기도 하고, 더 나아가 우리 자신들을 시험에 내어줄 뿐만 아니라,[8] 우리들 스스로가 그것들에 저항하거나 그것들에서 회복되어 나오거나 또 그것들을 활용하지도 못하고, 원하지도 아니하며,[9] 그런 권세 밑에 버림받아 마땅하다는 것을 인정합니다.[10]

따라서 우리는 하나님이 세상과 그 안에 있는 모든 것을 통치하고,[11] 육신을 복종시키고,[12] 사단을 제어하며,[13] 만물을 섭리하고,[14] 모든 은혜의 수단들을 베풀고, 그것들에 복을 주며,[15] 우리가 그것들을 사용할 때 우리 안에 경각심을 일깨워 주셔서 우리와 그의 모든 백성이 하나님의 섭리로 죄의 시험에 빠지지 않게 지켜 주시기를 기도합니다.[16] 만일 우리가 시험을 받으면, 우리를 그의 영으로 강력히 붙드심으로 시험 당할 때에 든든히 설 수 있게 하시며,[17] 넘어질 때도 다시 일으킴을 받아 회복됨으로[18] 시험 당함이 도리어 성화의 방편으로 활용될 수 있게 하시며,[19] 우리의 성화와 구원을 완성하고,[20] 사단이 우리 발밑에 짓밟히게 되고,[21] 우리가 죄와 시험과 모든 악에서 영원토록 완전히 해방되기를 기도합니다.[22]

○ ○ ○ ○ ○

1) 마 6:13 2) 대상 21:1 3) 눅 21:34; 막 4:19 4) 약 1:14 5) 대하 32:31 6) 갈 5:17 7) 마 26:41 8) 마 26:69-72; 갈 2:11-14; 대하 18:3, 19:2 9) 롬 7:23, 24, 대상 21:1-4, 대하 16:7-10 10) 시 81:11, 12 11) 요 17:15, 12) 시 51:10; 119:133 13) 고후 12:7, 8 14) 고전 10:12, 13 15) 히 13:20, 21 16) 마 26:41; 시 19:13 17) 엡 3:14-17, 살전 3:13; 유 1:24 18) 시 51:12 19) 벧전 5:8-10 20) 고후 13:7, 9 21) 롬 16:20; 슥 3:2; 눅 22:31, 32 22) 요 17:15; 살전 5:23

✠ 맺음 기도1

웨스트민스터 대요리문답

문 196: 주기도문의 결론이 우리에게 가르치는 것은 무엇입니까?

답: "나라와 권세와 영광이 아버지께 영원히 있사옵나이다"[1]라는 주기

도문의 결론은 우리는 우리 자신이나 다른 어떤 피조물 안에 있는 어떤 가치로부터 취한 것이 아니고,[2] 오직 하나님께서 주신 약속만 의지하여 우리의 간구들을 간청할 것이며,[3] 오직 하나님께만 영원한 주권과 전능과 영화로운 탁월성을 돌리는[4] 찬송이 담긴 기도로[5] 간청할 것을 우리에게 가르칩니다. 그리고 이런 주권과 전능과 위엄으로 인해 하나님이 우리를 도우실 수 있고, 또 돕고자 하시기 때문에,[6] 우리는 우리의 요청들을 이루어 주실 것을 믿음으로 담대히 호소하며,[7] 하나님이 우리의 기도제목들을 이루어 주시도록 고요히 그만을 신뢰할 수 있습니다.[8] 그뿐만 아니라 이것이 우리의 소원이며 확신임을 증언하기 위하여 우리는 "아멘" 하는 것입니다.[9]

○ ○ ○ ○ ○

1) 마 6:13   2) 단 9:4, 7-9, 16-19   3) 롬 15:30   4) 대상 29:10-13   5) 빌 4:6
6) 엡 3:20, 21; 눅 11:13   7) 대하 20:6, 11   8) 대하 14:11   9) 고전 14:16; 계 22:20, 21

✣ 맺음 기도2

하이델베르크 요리문답

문 129 문: "아멘"이라는 이 짧은 말은 무엇을 뜻합니까?

답: "아멘"은 참되고 확실하다는 뜻입니다. 내가 하나님께 이런 것들을 소원하는 심정보다도 더 확실하게 하나님께서는 내 기도를 들으십니다.[9]

○ ○ ○ ○ ○

9) 사 65:24; 고후 1:20; 딤후 2:13; 계 3:14

돌 아 보 기

1. 주기도문의 둘째 단락과 주제를 바르게 연결해 보세요.

네째 기도 •   • 보호의 기도

다섯째 기도 •   • 양식의 기도

여섯째 기도 •   • 거룩의 기도

2. 주기도문의 두 번째 간구의 근거 구절에서 괄호에 들어가는 말은 무엇인 가요?

창세기 28:20-21 야곱이 서원하여 가로되 하나님이 나와 함께 계시사 내가 가는 이 길에서 나를 지키시고 (　　　　　　)을 주사 나로 평안히 아비 집으로 돌아가게 하시오면 여호와께서 나의 하나님이 되실 것이요

잠언 30:8 나로 가난하게도 마옵시고 부하게도 마옵시고 오직 (　　　　)으로 내게 먹이시옵소서

디모데전서 6:8 우리가 (　　　　　　)이 있은즉 족한 줄로 알 것이니라

1번 답: 넷째기도-양식의 기도, 다섯째기도-거룩의 기도, 여섯째 기도-보호의 기도 2번 답: 먹을 양식과 입을 옷, 필요한 양식, 먹을 것과 입을 것.

1. 다섯째 기도는 거룩에 관한 기도입니다. 하나님께서 우리에게 원하시는 경건은 거룩입니다. 죄를 멀리해야 거룩에 이를 수 있습니다. 하나님은 우리 심령을 감찰하시기에 우리는 회개를 통해서 죄 사함을 받아 정결하기에 힘써야 합니다. 하나님 앞에 받은 용서를 통해서 이웃을 용서하고 사랑할 수 있어야 합니다. 오늘 하나님 앞에서 회개할 부분은 무엇인가요? 함께 나누어 봅시다.

....

....

....

2. 여섯째 기도는 섭리에 관한 기도입니다. 이 땅은 아직도 공중 권세 잡은 자가 우리를 미혹하고 있습니다. 때로는 시험으로 인해서 위기를 맞을 수 있으나, 하나님은 우리를 구원에서 멀어지지 않게 믿음으로 더해 주시고 인내를 허락하십니다. 요즘 내가 감당하기 어려운 시험과 고난과 위기는 무엇인가요? 함께 나누고 서로를 위해 기도해 봅시다.

....

....

....

기 억 하 기

1. 넷째 기도는 우리의 양식에 관한 기도입니다.
2. 다섯째 기도는 우리의 거룩에 관한 기도입니다.
3. 여섯째 기도는 우리를 향한 하나님의 섭리에 관한 기도입니다.
4. 맺음 기도는 모든 간구를 이루시는 하나님의 능력에 대한 확신입니다.

기 도 하 기

하나님 아버지, 우리에게 바른 기도를 가르쳐 주셔서 감사드립니다. 주기
도문으로 우리의 육신적 필요와 하나님을 향한 경건을 간구하는 기도를 말
씀해 주셔서 감사합니다. 우리를 향한 사랑으로 육신적 어려움을 도와주실
때마다, 우리가 더욱 힘을 써 하나님을 알아가고, 하나님의 거룩을 닮아가
며, 어떤 시험과 환란 가운데서도 하나님의 섭리를 확신할 수 있게 도와 주
시옵소서.

복습하기

사도신경 복습하기

1. 언제부터 사용했나요?(10쪽, 10행)

2. 누가 썼나요?(10쪽, 16행)

3. 왜 사도신경이라고 부르죠? (11쪽, 1행)

4. 왜 예배할 때 사도신경을 고백할까요?(11쪽, 9행)

5. 사도신경이 필요한 이유 네 가지는 무엇인가요?(11쪽, 16행)

6. 성부 하나님에 대한 고백 세 가지는 무엇인가요?(16쪽, 13행)

7. 성부 하나님에 대한 고백 세 가지가 의미하는 바는 무엇인가요?(17-19쪽)

8. 성자 하나님에 대한 세 가지 고백은 무엇인가요?(26쪽)

9. 성자 하나님에 대한 고백 중 "그 아들 독생자 예수 그리스도"는 무엇을 의
   미하나요?(27쪽)

10. "그리스도"의 세 가지 직분은 무엇인가요? (28쪽, 3행)

11. 성자 하나님의 네 가지 낮아지심을 사도신경에서 어떻게 고백하나요?(29쪽)

12. 성자 하나님의 네 가지 높이되심을 사도신경에서 어떻게 고백하나요?(30쪽)

13. 성령 하나님에 대한 세 가지 고백은 무엇인가요?(36쪽)

14. 성령 하나님에 대한 세 가지 고백이 의미하는 바는 무엇인가요?(36-38쪽)

십계명 복습하기

1. 십계명의 원어적인 의미는 무엇인가요?(46쪽, 13행)

2. 왜 십계명을 지켜야 하나요?(47쪽, 1행)

3. 십계명은 율법으로서 폐기되지 않은 이유는 무엇인가요?(47쪽, 9행)

4. 우리는 십계명을 모두 지킬 수 있을까요?(47쪽, 22행)

5. 십계명의 머리말을 주신 이유는 무엇인가요?(53쪽, 2행)

6. 제1계명이 의미하는 바는 무엇인가요?(54쪽, 2행)

7. 제2계명이 의미하는 바는 무엇인가요?(54쪽, 18행)

8. 제3계명이 의미하는 바는 무엇인가요?(55쪽, 13행)

9. 제4계명이 의미하는 바는 무엇인가요?(56쪽, 7행)

10. 제5계명이 의미하는 바는 무엇인가요?(67쪽, 4행)

11. 제6계명이 의미하는 바는 무엇인가요?(68쪽, 1행)

12. 제7계명이 의미하는 바는 무엇인가요?(68쪽, 17행)

13. 제8계명이 의미하는 바는 무엇인가요?(69쪽, 8행)

14. 제9계명이 의미하는 바는 무엇인가요?(70쪽, 1행)

15. 제10계명이 의미하는 바는 무엇인가요?(70쪽, 15행)

주기도문 복습하기

1. 주기도문의 뜻은 무엇인가요?(80쪽, 17행)

2. 예수님께서 지적하신 잘못된 기도, 두 가지는 무엇인가요?(81쪽, 1행)

3. 주기도문 서문이 의미하는 바는 무엇인가요?(88쪽, 2행)

4. 주기도문의 첫 번째 간구가 의미하는 바는 무엇인가요?(89쪽, 1행)

5. 주기도문의 두 번째 간구가 의미하는 바는 무엇인가요?(90쪽, 1행)

6. 주기도문의 세 번째 간구가 의미하는 바는 무엇인가요?(91쪽, 1행)

7. 주기도문의 네 번째 간구가 의미하는 바는 무엇인가요?(102쪽, 2행)

8. 주기도문의 다섯 번째 간구가 의미하는 바는 무엇인가요?(102쪽, 18행)

9. 주기도문의 여섯 번째 간구가 의미하는 바는 무엇인가요?(103쪽, 15행)

10. 주기도문의 맺음말이 의미하는 바는 무엇인가요?(104쪽, 11행)

사도신경
십 계 명
주기도문